U0946779

台州文獻叢書

# 赤城新志

（明）陳相修　（明）謝鐸纂

上海古籍出版社

**圖書在版編目(CIP)數據**

赤城新志/(明)陳相修,(明)謝鐸纂.—上海:上海古籍出版社,2016.10
(台州文獻叢書)
ISBN 978-7-5325-8079-8

Ⅰ.①赤… Ⅱ.①陳…②謝… Ⅲ.①台州市—地方志 Ⅳ.①K295.53

中國版本圖書館 CIP 數據核字(2016)第 095357 號

台州文獻叢書

**赤城新志**

(明)陳相 修 (明)謝鐸 纂

上海世紀出版股份有限公司<br>上海古籍出版社 出版

(上海瑞金二路 272 號 郵政編碼 200020)

(1)網址:www.guji.com.cn

(2)E-mail:guji1@guji.com.cn

(3)易文網網址:www.ewen.co

上海世紀出版股份有限公司發行中心發行經銷

金壇古籍印刷有限公司印刷

開本 787×1092 1/16 印張 36.75 插頁 5

2016 年 10 月第 1 版 2016 年 10 月第 1 次印刷

ISBN 978-7-5325-8079-8

K·2199 定價:150.00 元

# 《台州文獻叢書》編纂指導委員會

## 《台州文獻叢書》編纂委員會

# 《台州文獻叢書》諮詢委員會

主　　任　陳高華

副 主 任　張湧泉

委　　員（按姓氏筆畫爲序）

史晉川　吴秀明　林家驪

陳立旭　龔賢明　董　平

# 《台州文獻叢書》古籍編輯部

主　　編　徐三見

副 主 編　胡正武　毛　旭

編　　委　王　及　朱汝略　許尚樞　吴茂雲

李建軍　張　峋　嚴振非　胡平法

樓　波

# 台州文獻叢書序

台州地處浙江中部沿海，兼得山海之利。獨具特色的自然禀賦，孕育了富有個性又兼容並蓄的台州文化，既有山魂海魄賦予的堅韌、豪邁和奔放，又不失江南水鄉的清麗、細膩和靈秀。在這片山海之間，歷史源遠流長，自古人才輩出、文風昌盛，唐宋以來一度贏得了「小鄒魯」的美譽。

台州文化最鮮明的内核就是和合文化，儒、釋、道「三峰並峙」，圓融貫通，這被習總書記譽爲中華傳統文化的精髓之一。和合文化的發展傳承，深深融匯於台州人的血液之中，也爲城市注入了靈魂。特别是改革開放以來，台州深厚的傳統文化與改革開放的時代精神相融合，進一步融匯昇華，迸發出了强大的精神力量。

傳承發揚古老的台州文化，就要搶救、保護、傳承好祖先傳下來的文化典籍。台州的文獻典籍遺存博大精深，據民國三年（一九一四）項士元先生撰著的《台州經籍志》統計，有四千五百三十二部之多，其中收入《四庫全書》者五十部，列於「四庫存目」者六十四部。可以説，台州人士所著經典，已經成爲中華典籍寶庫的重要組成部分。

對卷帙浩繁的台州文獻典籍進行系統梳理、歸集和闡釋，編輯出版《台州文獻叢書》，十分必要，這在台州文化史上具有里程碑意義。這樣一部完整的地方文獻，就是台州地方歷史文化的結晶，爲世人打開瞭解地方文化的窗户。感謝台州文化工作者，經過多年的精心耕耘，最終完成了這項浩繁的系統工程，成就了一部鮮活生動、可以讓尋常百姓涉足感受的文化巨製，使更多讀者可以從中瞭解台州、感受台州、讀懂台州。

讓這棵扎根在台州大地的文化古樹抽新枝、發新芽，更加鬱鬱葱葱、枝繁葉茂，願優秀的歷史文化更好地傳承和弘揚，服務當代，惠澤未來。

中共台州市委書記 王昌榮

二〇一六年八月

# 台州文獻叢書出版引言

台州素有文化之邦的美譽，整理和出版《台州文獻叢書》，既是台州文化强市建設的重大舉措，也是台州市委、市政府决定的一項重大文化工程。

台州歷史文獻是台州歷代先賢用他們的思想和智慧築就的不朽豐碑，是承載台州歷史發展進程的華章大輅。如何保護好、利用好祖先留給我們的文化瑰寶，無疑是擺在我們這一代人面前刻不容緩的一個重大課題。古籍重在保護。保護的手段不僅僅只是科學的保管，更需要持續不斷的傳承，而傳承的最好方法就是出版。加快歷史文獻的整理和出版，上承祖宗恩澤，下開子孫福蔭，厥功至偉。

台州歷史文獻的出版，秉持影印與點校兩條腿走路的方針，保護和利用並重。影印有利於對古籍的保護，又側重文獻的存真；點校則着眼於擴大傳承群體，又意在强化傳播功能。對於需要彼此兼顧的文獻，則雙管齊下，既點校出版，又影印出版。

整理和出版歷史文獻永遠没有句號，我們的原則是：凡力所能及者，傾其心力，精益求精，不斷探索，砥礪前行。

《台州文獻叢書》編纂委員會

二〇一六年八月

# 赤城新志序

台爲文獻之邦舊矣蓋兩浙諸郡恒莫之先焉宏治甲寅秋予出守茲土每欲索郡志以考文獻不可得訪諸父老咸曰昔宋嘉定時郡有赤城志乃國子司業陳篔窗先生手編也事實詳明顛末備具千百年之文獻一覽可知奈何宋季涉元書與板刻委之劫灰閒有存者亦多殘缺無足考據自嘉定至今又幾三百年矣其閒或作而未成或置而不問遂成缺典予憮然曰是誰之過歟守之過也於是汲汲圖欲修之復訪諸監丞陳公旅長史應公璧僉謂司成謝先生鐸昔官翰林兩修
國史文章炳炳在天下今致仕家居杜門不出欲修郡志唯斯

人爲宜予曰公論也遂飭禮容率同僚拉宿儒遠造其門先生慨然曰吾素有志於是第未能借力有司以成之耳又曰筆削不敢不公去取不敢不當唯在子堅定厥志不爲衆論所惑以底於成固一郡之幸也予曰敢不如命旣退聚吏書人役於方巖書院以給繕錄先生遂以舊謄閣本證以僅存殘篇爲赤城舊志自嘉定歷元　明旁搜遠紹賢哲無遺擬拾摭要典章悉具爲赤城新志删剔誕漫蒐羅精英爲赤城前後集累閱月而始告成焉噫繼賀窗之功於殘墜之餘著文獻之懿爲垂遠之計使官守有所戒士夫有所勸風俗有所勵而一郡之文獻不致泯滅者先生之功也其有功於台豈小補哉先生命余序之

余愧不能文又重違其命故强述一二以紀歲月云

宏治十年歲次丁巳菊月朔

賜進士出身中憲大夫知台州府事前南京戸部郎中海陵陳相序

# 赤城新志序

郡邑之有志猶家之有譜國之有史不可一日缺焉者也史缺則無以昭憲章垂鑒戒譜缺則無以敘彝倫敦族屬志缺則一郡一邑之典刑無以考而文獻不足徵矣有志世道者而不此之務奚可哉雖然昔人謂述作之難莫先於志是志固不可以不作而尤不可以妄作不作則缺而已缺猶將有趣而繼之者

妄作則誣誣則是非混淆眞僞錯雜雖有繼者亦將無以善其後矣故與其妄也甯缺而作者愼焉後世雖良史若司馬遷君子猶謂其紀帝王世緒以堯而下傳四世之孫舜以舜而上傳四世之祖禹雖善譜若歐陽子君子猶謂其圖廬陵世譜自詢至琮餘二百年而爲四世自琮至觀僅百年而爲十六世噫賢如二公區區世次代緒之閒猶不能以無憾則所謂述作之難者亦烏得不愼而苟焉以妄也哉吾郡赤城志創自宋國子司業篔窗陳公赤幾吳公子良輩繼之至元乃有章嘉者悉更其舊而名之曰天台郡志當其時已有覺其妄者尋改而爲元統志矣然其書今皆不傳所傳者獨篔窗志耳自是以來不惟代

鮮作者而并其舊所傳者亦鮮或克見成化庚子郡守劉公忠始屬教諭盧公守仁踵爲之未就而劉以代去越十年馬公岱至更舉以屬於予予屬稿未半而馬復以免去束其稿又五六年矣今郡守海陵陳公相至以爲更數百年之缺典莫有繼者雖繼莫有厘其力以底於成者乃於政治之暇率其僚同知陸君琪介監丞陳先生旅不鄙而復以屬於予是固有志世道而不汲汲於簿書條格之間者矣況予生長是邦又安敢以不能之故而故違郡侯之命也哉因顧謂公曰賀窗之所創而傳者今固不可尚矣是用存之以爲舊志若乃其不傳者蓋亦有所不必傳姑復别爲新志以附賀窗之後何如公與陳先生皆不

以爲不可乃取舊稿删定之爲二十三卷又凡幾閱月而告成焉噫後之視今猶今之視昔又甯知無如司馬歐陽之竊議其後者乎議不議不敢知然一郡之文獻不可自我無所徵而太守公之意不可以虚辱遂卒勉而爲之以俟諸他日

宏治丁巳秋八月既望

賜進士朝列大夫南京國子祭酒前翰林侍講兼修　國史

經筵官致仕郡人謝鐸序

# 赤城新志凡例

一舊志宋嘉定癸未以前箕窗陳公所著者今具存之不復更易其或稍有不同而未備者則别爲補遺考異以附新志之末舊志起漢至宋甯宗嘉定十六年癸未止大約一千五百三十年凡四十卷

一舊志風土門止載土産土貢至於土俗則但列守令諭戒之文而其他不及焉今取歷代士風民俗之異同者略志之庶一郡之俗尚皆可攷而見也

一舊志所載土地山川皆亙古不易者今不復書止存其舊其或州邑之分割水利之修復稍有不同者則續書之以備顛末廢興之考

宏治赤城新志凡例　一

一新志始宋嘉定甲申以續舊志因略放其例類按據以書不敢强爲附益以枉其是非之實新志起宋甯宗嘉定十七年甲申至我 朝宏治九年丙辰凡二百七十三年爲二十三卷

一人物不分隱顯惟行業文章可取者則書之其見存者但書履歷不敢輒加褒貶以爲終身未定之論

一科目後世所貴雖或其人漫無可稱亦皆載其姓名以備參考

一官守未去任與見在仕途者但書履歷不敢別加贊美以防諛佞其已往者有善則詳書之否則亦微示其意以存隱惡不非其大夫之義

一司馬遷史記有表歐陽修五代史有譜皆所以總括其要以便考閱寓鑒戒耳今故略放其例約取自漢以來州邑之沿革者以爲之譜又取官守人物之有關州邑者以爲之表皆年經而地與人爲之緯此則合二志而爲之而不敢以新舊異也

一文章舊志雖閒取一二而其詳則具於赤城集今取其自嘉定來凡碑板紀傳之有關吾台者悉載之以爲後集而於志不復及焉

一寺觀仙釋宋以前舊志載之詳矣以事屬異端非吾志所急用是不復續書非故略而缺之也

# 赤城新志目錄

卷之一
州邑疆域圖
卷之二
州邑沿革譜
卷之三
官守人物表
卷之四
風俗
卷之五

版籍
田賦 戶口 襍賦

卷之六
水利
閘陡門 塘堰埭 垻碲 溝圳音俊圩岸 東湖

卷之七
學校
府學 六縣學 鄉賢祠 書院

卷之八
公廨

卷之九
人物一
宋季

卷之十

人物二 元

卷之十一

人物三 明一 明初人物 科目

卷之十二

人物四 明二 薦舉 歲貢 遺逸

卷之十三

人物五 孝義 貞節

卷之十四

官守一 宋郡守 元總管 達魯花赤 同知 治中 府判 推官 明知府 同知 通判 推官

卷之十五

官守二宋知縣　元縣尹　達魯花赤　明知縣

卷之十六
官守三學官

卷之十七
官守四縣佐

卷之十八
職役

卷之十九
宮室

卷之二十

祠墓
卷之二十一
典籍
卷之二十二
補遺人物　官守
卷之二十三
考異

赤城新志目録終

黄巖王棻附注　建陽周延祚刊　餘杭孫樹義校

赤城新志卷之一

州邑疆域圖

古者繪畫之事統於冬官而春官外史專掌書令蓋非書無以紀載非畫無以彰施故易有象禮有圖詩有畫皆附經而行而象形又爲六書之首是畫固書之權輿書所以濟畫之不足此其可相有而不可相無也明矣況夫山川有險易疆域有廣狹而州邑之建設其間者不能以不異非先假之圖而但載以志則其形勢規模之所在欲一覽而悉之豈不誠難矣哉此周禮職方氏所以掌天下之地圖而周公之卜洛亦必以圖獻也作吾台州邑疆域圖曰府境曰府城曰府治皆總圖之於其首曰

臨海曰黃巖曰天台曰僊居曰甯海曰太平又各因其境界而分圖之而各以其治所繫焉庶幾觀者因圖考志以見諸所紀載者皆於是乎出而圖之作固自有不容於已者矣

圖目

州境一　羅城二　府治三
臨海縣境四　臨海縣治五　黃巖縣境六
黃巖縣治七　天台縣境八　天台縣治九
僊居縣境十　僊居縣治十一　甯海縣境十二
甯海縣治十三　太平縣境十四　太平縣治十五

案刻本有十五圖版多模糊今存其目如右不重刊

# 赤城新志卷之二

## 州邑沿革譜

州邑之建設必因山川之形勢然山川之形勢亙古不易而州邑之建設有時而更則夫欲因建置沿革之大略以考其世故變更之所在非錯綜其始終以爲之譜而遽欲一覽以盡諸要誠有所不易也今卽是以觀吾台州邑之名皆沿自唐宋無所更革所增置者獨太平耳其提封之境亦與宋無異雖太平割温樂清之下山越嶠嶺跨大江以爲界然亦視舊不能加十之一唯我　國朝攘夷滅元盡復石晉之故地北據燕冀以爲京則吾台比宋之封域於是去京始益遠蓋已無慮五千八百里

而其去南京亦且幾二千里然朔南之暨聲教訖於四海則吾台之在幅隕中猶爲近服而今之稱文獻上郡者不得不歸之矣

| 歷代 | 台州 | 臨海 | 黃巖 | 天台 | 仙居 | 甯海 | 太平 |
|---|---|---|---|---|---|---|---|
| 唐虞 | 揚州 | | | | | | |
| 三代 | 之域 | | | | | | |
| 春秋 | 越 | | | | | | |
| 戰國 | | | | | | | |
| 秦 | 閩中郡 | | | | | | |
| 漢 | 東甌國 | | | | | | |

高帝六年爲荆國十二年更名吳屬吳王濞濞誅復爲東甌武帝建元三年東

甌内徙置回浦縣屬會稽郡光武時改爲章安縣

順帝永建四年析章安

縣東甌鄉置永甯縣王舟瑤案續漢志作永和三年宋州郡志並採兩說

獻帝興平四年析章安永甯置松陽始平縣舟瑤案興平僅二年

棻案松陽今處州與台無涉始平即今天台仙居二縣地當移下一格置此舟瑤案宋州郡志元和郡縣志

三國吳

大帝太元二年以會稽東部立臨海郡屬揚州　舟瑤案三國志吳主亮太平二年立臨海郡

太元二年析章安置臨海縣　蓁案三國志吳主亮太平三年析章安置臨海縣非太元二年也

赤烏二年析永甯置羅陽縣　蓁案永甯今永嘉羅陽今瑞安與台無涉可不必書

此作四年誤

皆以始平吳立

晉

武帝太康元年改羅陽爲安固蓁蓁安固今瑞安可不必書

太康元年改始平爲始豐

穆帝永和三年析始豐之西南置樂安縣

太康元年析臨海安北鄉二百戶鄞八百戶置甯海縣

| 南 | 北 | 朝 |
|---|---|---|
| 宋 | 梁 | 陳 |
| 孝武孝建元年析揚之五郡爲東揚州省入章安桊案宋書州郡志臨海令吳分章安立未嘗省也又案是時章安即今黃巖太平二縣地此表亦未明晰 | 武帝改爲赤城郡桊案未確 | 置章安郡桊案未確 |
| | | |
| | | |
| | | |
| | | |
| | | |

隋

文帝開皇九年廢入永嘉郡十一年置臨海鎮煬帝大業四年立爲海州蔡案未確

復爲臨海縣屬永嘉郡蔡案隋書地理志開皇九年置處州十二年改日栝州大業初置永嘉郡

蔡案章安縣廢入臨海

開皇九年廢

蔡案樂安縣廢入臨海

開皇九年廢

臨海

## 唐

高祖武德四年置台州桊案武德四年置海州五年改海州爲台州元宗天寶元年改臨海郡肅宗

武德中復置章安縣後廢復爲臨海縣

高宗上元二年復置永寧縣武后天授

太宗貞觀八年復置始豐高宗上元二年改爲唐興

武德八年廢入臨海桊案武德四年析臨海置樂安八年省上元二年復置

武德初析臨海復置七年省入章安武后永昌元年復置爲寧海縣

五代吳越

乾元元年復爲台州僖宗光啟三年陞德化軍

元年改爲黃巖縣

梁開平二年改爲新興唐同光

吳越寶正五年改爲永安（蘂案寶正）

初復爲始豐晉天福初改爲台興

五年後唐明宗長興元年也

宋

太宗太平興國三年吳越納土

太祖建隆四年改爲天台縣菉案此亦吳越所改

眞宗景德四年改爲仙

堕其城仍爲台州

元

世祖至元十四年改爲台州路

成宗元貞元年陞爲州

國朝

吳元年改爲台州府

洪武二年復爲縣

舟琛案元豐九域志作元年改此作四年此誤

居縣

成化六年析黃

巖南鄉置太平縣十二年又析温州樂清下山凡六都以附益之

赤城新志卷之二終

黃巖王棻校注　建陽周延祚刊　餘杭孫樹義校

# 赤城新志卷之三

## 官守人物表

古者史法主於編年至司馬遷作史記始易以紀傳然國家世祚人事歲月散於紀傳者先後始終遽難考見此表之不可無而編年不容於盡變也志亦史也而可無編年之表哉赤城舊志始漢至宋嘉定幾千五六百年新志始嘉定以迄於今又幾三百年其事散於諸篇他未暇論若官守人物則實郡之所恃以重輕安危者尤爲志之總要非編年以表之則其賢否盛衰之際欲一覽而悉胡可得哉漢唐之世文獻缺略止爲世表宋以後則爲年表皆摭其已往之迹各隨時世取其彼善於此

者著之迹其所著則其所不著者從可知矣於乎自吾台有郡以來上下幾二千載而官守人物之歷歷可數者僅止於此則夫臨莅是邦與凡生長其地者可不知所念哉作官守人物表

| 歷代 | 官守 | 人物 |
| --- | --- | --- |
| 漢 滅秦己亥太祖高皇帝五年傳十四載君二百十四年 | 台自漢萌芽僅號東南一尉而已至吳興始稱郡置守故漢以前舊志俱無所 | 漢武元封初徙東越之民於江淮而空其地則是時台猶在荒服中人物尚未顯也故舊志獨載高察一人而他無考焉 |

東漢誅王莽復漢乙酉世祖光武皇帝建武元年傳十三君一百九十五年

○黃他章安小吏身當白刃濟君於難高察隱天台山今有察嶺○棻案見赤城志遺見虞翻傳注引會稽逸典錄赤城志入吳時誤○棻案今所補錄皆名上加圈以別之後並放此

蜀漢繼漢辛丑昭烈皇帝章武元年至後主共四

| | | |
|---|---|---|
| 十四年 | 魏篡漢五主四十八年<br>吳據江南四主六十二年 | 晉篡魏并蜀漢滅吳庚子武帝司馬炎太康元年傳四主五十四年 |
| | 范平郡守錢唐人該覽百籍有異政見吳志<br>屈晃郡人吳尚書僕射事見三國志及大明一統志 | |
| | ○虞翔章安人爲鄱陽太守與御史中丞任爽各馳文檄睚若齊槩見虞翻傳注 | ○任旭章安人字次龍立操清修不染流俗惠帝元帝明帝時咸召不起咸和三年卒父訪 |

東晉繼晉戊寅元帝司馬睿大興元年傳十一主一百四年

王述郡守事見一統志

孫綽章安令作天台山賦

郗愔郡守事見一統志

辛景郡守事見一統志

梅盛章安令晉亡宋召之不起事見遜志齋集

薛長官章安令事見惠政侯廟記○棻案赤城志載唐武德中似非晉時令也此誤

吳南海太守子琚位大中正見晉書隱逸傳

吳超章安人國子祭酒見舊志

李廞臨海人王導辟不就見舊志

褚世標義熙隱士見舊志

南北朝

南宋篡晉

北魏

辛酉　謝靈運　郡守事見一統志○案靈運爲永嘉太守非臨海太守也當削

宋主

劉裕　江秉之　郡守事見一統志

永初　臧熹　郡守事見一統志○案熹嘉定鎮江志作臧熹字義和家居京口東莞莒人

二年

傳入　陳仲通　甯海令死裘甫之難事見舊志○案赤城志咸通中死於裘甫之難當列唐末次此誤

主六

十年　王琇　郡守事見一統志

齊宋纂

庚申

齊主蕭道成建元二年　王琇之郡守事見一統志

蕭景永甯令治爲百城最事見舊志○案六朝永甯今温州永嘉縣赤城志據梁書誤收

西魏傳七主當削

東魏二十四

共十年

六主　梁齊篡

一百　癸未梁　王筠郡守事見赤城續志○案筠梁書有

七十　主蕭衍　傳赤城志入宋誤

二年　天監二　劉潛郡守事見舊志

| 北齊篡東魏 | 北周篡西魏滅北齊二姓十主其六十五年 |
| --- | --- |
| 年傳四主五十六年 | 陳篡梁戊寅陳主陳霸先永定二年傳五主三十三年 |
| | 〇錢道戢天嘉元年太守赤城志誤天嘉爲元嘉因次宋人中今正 〇程文季郡守傳見陳書赤城志誤入梁今正 |
| | |

| | | |
|---|---|---|
| 隋篡北周滅陳 庚戌文帝楊堅開皇十年傳二主三十八年 | | |
| 唐取隋 庚辰高祖皇帝武德三年傳二十一君二百八十八 | 來濟以宰相諫立武后貶爲刺史事見唐書<br>駱賓王諫武后稱制貶臨海丞事見一統志 | 項斯郡人進士見一統志<br>孫郃樂安人進士見舊志<br>張濆天台隱士見舊志 |

年

裴光廷刺史事見一統志

張嘉貞刺史事見一統志

徐裕刺史事見一統志

五季

梁篡唐　唐滅梁　晉篡唐　漢代晉　周篡漢　共八

吳越錢鏐傳四世與五季相始終棻案五代史注自唐乾甯

錢陳長官甯海令與吳越爭減賦死之今有陳長官祠

○錢俶鏐之孫治郡吏不敢欺後嗣爲吳越王納土封淮海國王

| | |
|---|---|
| 姓十五主通四十六年 | 宋取周庚申太祖皇帝建隆 |
| 二年爲鎮海鎮東軍節度使兼有兩浙至宋太平興國三年國除凡八十四年 | 吳越 |
| | |
| | |

元年
甲子
乾德
二年
甲戌
開寶
七年
丙子
太宗
太平

○錢昱以德化軍節度使本路安撫使兼知

興國元年

戊寅太平興國三年吳越納土墮其城

甲申雍熙元年

甲午淳化五年

戊戌眞宗咸

畢士安郡守代州人請減吳越賦數仕至平章事謚文簡事見宋史一統志舊志作士元

杜垂象黃巖人見舊志台人在宋以進士起

| | | |
|---|---|---|
| 平元年 | | 家始此 |
| 甲辰景德元年 | | |
| 甲寅大中祥符七年 | 章得象郡守泉州人仕至平章事謚文簡事見宋史 | 蔣至臨海人見遺逸錄 |
| 癸亥仁宗天聖元年 | | |
| 甲子天聖二年 | | |
| 甲戌景祐元 | | |

年

甲申慶歷四

年

乙酉慶歷五

年海溢城大壞殺人萬餘

楊文仲通判事見一統志○蔡案宋史本傳文仲寶祐元年進士其添差通判台州當在理宗末

陳襄仙居令侯官人事見一統志今有古靈祠○案陳襄以慶歷八年至皇祐三年替當次後

彭思永郡守吉水人事見修城記○五年權

元絳郡守錢塘人事見一統志及宋史○宏治赤城新志卷三

杜誼黃巖人垂象之孫見宋史孝義傳及一統志○案誼父母以康定元年卒其廬墓在慶歷時

呂逢時隱居人事見隱逸錄○陳襄弟子

楊蟠臨海人杭州通判與蘇子瞻唱和有章安集見宋史文苑傳○案蟠本處州人僑居杭州因集名章安故誤以爲臨海人不知漢時章安本兼溫處二州故蟠取爲集名耳

六年至

錢仲基通判大發官廩以濟飢民○案仲基以皇祐二年至當移次後

黃珹通判大水後佐元絳悉力賑卹○當次前

甲午至和元年 劉光僊居令事見一統志○紹聖二年當次後

乙未至和二年大水城壞 王子輿臨海令事見一統志○案雍熙元年至當移次前畢士安後

辛丑嘉祐六 范仲溫黃巖令佐彭思永修城有功○

年大水城壞　案慶歷四年至當次彭思永前

甲辰英宗治平元年　羅適甯海人提點兩浙京西刑獄見州學三先生祠記

潘師孟臨海人見隱逸錄

陳貽序臨海人與兄貽範俱有文名見舊志

戊申神宗熙甯元年　孔文仲軍事推官臨江人事見一統志　求仲弓黃巖人以詩名見文苑錄

甲寅熙甯七年　錢暄郡守事見一統志

甲子元豐七年　范祖述郡守事見一統志○案祖述以政和六年至當次後

年
丙寅哲宗元祐元年
甲戌紹聖元年
辛巳徽宗建中靖國元年
甲申崇甯三年

鄭至道天台令作諭民書七篇有松關留鄭故事見一統志○案至道元祐二年至
許景衡黃巖尉永嘉人嘗從程伊川先生學後仕至尚書右丞謚忠簡事見宋史○紹聖三年至
陳槖工曹參軍攝臨海黃巖天台三邑後知州事不數月民皆稱治事見一統志○案宣和間爲工曹紹興四年知台州當次後
梅執禮郡教授後遷戶部尚書女眞之

左緯黃巖人以詩名見赤城詩集
徐中行臨海人見宋史隱逸傳及一統志
左譽緯從子見赤城詩集
林放僊居人見隱逸錄

甲午政和四年

庚子宣和二年呂師囊入寇城幾陷

甲辰宣和六年

乙巳宣和七年遼滅

難不屈死之事見宋史

○大觀元年丁亥至

洪皓甯海主簿後使金執節不屈謚忠宣事見宋史○政和六年至

滕膺司戶參軍南京人力禦呂師囊之亂城賴以全詳見義靈廟記

徐默成僊居令呂師囊之難力戰死之○葉書案徐默成乃僊居尉非令也死於白塔寨

徐庭筠中行子見十大儒錄

蔣煜僊居人有節義見一統志

余元卿黃巖人見宣和二孝子錄

陳公輔臨海人爲左司諫嘗請迎太上皇官陳東事見宋史

江仲明臨海人見一統志

黃襲明臨海人見節義錄

丙午欽宗靖康元年金人入寇汴京執徽欽二帝以去

丁未高宗建炎元年金人入寇臨安帝出亡金鼇山

謝克家 郡守上蔡人後仕至參知政事見宋史○案後葬黃巖靈石山子孫因家焉

鄭伯熊 黃巖尉永嘉人文行爲學者師見續志○案以上二人俱建炎二年至

崔縱 僊居丞使金通問二帝執節以死詳

見一統志

**甲寅紹興四年**

舒亶臨海尉四明人事見續志○蔡案北宋熙甯時尉次此誤見赤城志及宋史

趙子英黃巖丞見舊志○紹興五年至

姚寬監杜瀆場少有令望以忤秦檜不得士進見舊志

洪适添差通判番陽人有文名仕至右僕射謚文惠○紹興十五年至

○吳芾僊居人謚康肅見宋史及朱子神道碑○紹興二年進士

○陳良翰臨海人謚獻肅見宋史及朱子所撰行狀○紹興五年進士

劉知變天台人與弟知過俱以詩名見文苑錄○紹興十二年進士知過紹興二十一年特科

○李庚臨海人紹興十五年進士編天台集

**甲子紹興十四年**

楊煒黃巖令開官民河立斗門事見一統志○紹興十九年至

石敦臨海人知南康軍見朱文公墓誌銘○紹興十五年進士

甲戌紹興二十四年

曾幾郡守贛州人有詩名呂祖謙其外孫也○紹興二十六年至

陳騤臨海人參知政事見宋史○紹興二十四年進士

王淮臨海尉東陽人仕至左丞相謚文定見宋史

王衜臨海人校書郎見葉水心集○紹興二十七年進士

賈偉天台人顯謨閣學士事見宋史○科同上

彭椿年黃巖人右文殿修撰與兄龜年俱有文名號二彭見一統志○科同上

鹿何臨海人金部郎中年五十二乞致仕見六賢堂記○紹興三十年進士

癸未孝宗隆興

黃然郡守豫章人置養士田

謝廓然臨海人參知政事舊志稱州人位執

興元年

甲申隆興二年

癸巳乾道九年火城闉壞

李浩 郡守立斬亂卒政自此始○案淳熙四年
至 舊志○乾道二年賜出身當次後

趙思 郡守姑蘇人見一統志○乾道八年
至

趙汝愚 郡守事見一統志及宋史

尤袤 郡守毘陵人事見一統志○案趙尤二守皆淳熙二年至當次後

顏度 臨海令有異政○乾道元年至當次
前

周蒙 黃巖令以郡督賦急謀于徐庭筠翻

周泊 臨海人軍器監主簿見葉水心墓誌銘○案泊乾道二年進士淳熙八年博學宏詞第一人

徐似道 黃巖人秘書少監見文苑錄

王卿月 臨海人見一統志○乾道五年進士

趙師淵 黃巖人太常寺丞見十大儒錄

林鼐 黃巖人與兄鼒俱受業朱文公見儒林錄○案趙與林鼒俱乾道八年進士

然而歸○赤城志蒙於公牘書一絕以歸時乾道二年也。

甲午淳熙元年

沈撰　郡守嘉興人與尤袤齊名人號儒者之政○淳熙六年至

商飛卿　臨海人戶部侍郎見宋史○淳熙二年進士

乙未淳熙二年大雨城塹

唐仲友　郡守東陽人有文詞修學校建中津橋○淳熙七年至

蔡鎬　黃巖人武學博士見葉水心墓誌銘○淳熙二年武科進士

樓鑰　添差通判博學能文○淳熙七年至

朱熹　主管崇道觀後提舉浙東台人洛學之傳始此○案朱子爲倉使在八年九月明年行部至台

| | | |
|---|---|---|
| 甲辰淳熙十一年 | 彭仲剛臨海令廣諭俗文○淳熙四年至<br>包恢郡守誅妖僧事見一統志○淳祐三年至當改次後 | 徐大受天台人見文苑錄○十一年特科<br>樓觀臨海人見一統志○十四年進士下同<br>王居安黃巖人工部侍郎見宋史及一統志 |
| 庚戌光宗紹熙元年 | 呂祖儉添差通判後以言事貶死事見一統志○四年至 | 趙師夏黃巖人師淵弟○元年進士<br>○謝深甫臨海人右丞相州人位宰輔自此始事見宋史○乾道二年進士當移次前 |
| 甲寅紹熙五年 | | ○錢象祖臨海人右丞相事見宋史○嘉泰四年賜出身 |
| 乙卯甯宗慶元元年 | | 車似慶黃巖人號隘軒事見杜清獻閒居錄 |

甲子嘉泰四年

丙寅開禧二年蒙古崛起於斡離河

甲戌嘉定七年

黃㽦 郡守事見一統志○嘉定三年至

序

杜㬅 黃巖人與弟知仁俱從朱子學事見十大儒錄○嘉定元年進士

賈涉 天台人淮東提點刑獄事見宋史及一統志

潘時舉 天台人受業朱子見語錄○嘉定十五年上舍釋褐

林恪 郡人亦從朱子學

郭磊卿 僊居人事見六忠臣錄○七年進士

○陳耆卿 臨海人號貧窗國子司業事見六賢

甲申嘉定十七年
乙酉理宗寶慶元年

齊碩郡守闢貢院復經界補軍額修赤城志○十四年至十六年陞本路倉使

堂記○同上
吳梅卿僊居人嘗與朱文公遊○十七年特科進士
戴式之黃巖人有詩名見赤城詩集
高申甫僊居人知景陵縣元兵入寇死之○嘉定十六年武科
王象祖臨海人事見吳荆溪墓誌
吳子良臨海人號荆溪太府少卿見文苑錄○二年進士
車若水似慶孫號玉峯亭見一統志及王魯

己丑紹定二年大水海溢城壞殺人二萬餘

甲午端平元年

乙未端平二年金滅

王萬郡守日惟蔬食事至立斷吏無所售民亦化之郡以大治○嘉熙二年至

齋文集

胡常黃巖人事見玉峯冗槀

車經臣若水弟事見柳貫墓表○案經臣初名若綰更名垓咸淳末特科

鄭霖甯海人平江知府事見節義錄○紹定二年進士

王賁天台人事見王魯齋文集

鄭雄飛僊居人戶部侍郎事見一統志

戴良齊黃巖人祕書少監事見儒林錄○嘉熙二年進士

甲辰淳祐四年

趙必愿郡守事見一統志○紹定六年至官守門誤作淳祐五年至故次於甲辰之下今案當改次前己丑之下

戴亨臨海人見一統志

杜範黃巖人右丞相謚清獻事見宋史○嘉定元年進士當次前

陳宗儒臨海人事見節義錄

楊明復臨海人事見一統志

林表民臨海人事見一統志

甲寅寶祐二年

趙景緯郡守事見一統志○六年至

王柏上蔡書院堂長事見宋史

舒岳祥甯海人見一統志○四年進士

董楷臨海人洪州守見一統志○同上

胡三省甯海人註資治通鑑○同上

丁巳寶祐五年蒙古分兵

入寇

甲子景定五年

乙丑度宗咸淳元年

辛未咸淳七年蒙古始建國號曰元

甲戌咸淳十

王華甫黃巖令後守台抑强扶弱正經界均賦役○淳祐八年令黃巖景定元年守郡

邵囦臨海人見節義錄

陳天瑞臨海人見一統志○元年進士

王玨臨海人見六忠臣錄○四年進士

楊玨臨海人見節義錄○同上一見淳祐元年進士甯海人別一人也

杜文甫臨海人見節義錄○七年榜眼

葉夢鼎甯海人少傅右丞相事見宋史○嘉熙上舍兩優釋褐當次前

年

乙亥帝㬎德祐元年　王珏以太博學士權知州事元兵入寇城陷赴泮橋水死之○案即咸淳四年進士當爲僊居人

丙子德祐二年元伯顏入寇臨安執德祐帝以去

丁丑端宗景炎二年　案浙東自此年始皆屬於元矣

己卯帝昺祥

杜滸黃巖人清獻從子見宋史忠義傳

陳思孝黃巖人

鄭憲僊居人○景定三年進士國子博士

顧玉文僊居人○咸淳十年武科第一人

吳處仁僊居人

陳參生黃巖人已上俱見德祐五孝子錄

張哲齋臨海人與杜滸從文天祥起兵見文山集○名和孫

興二年崖山陷宋亡

元篡宋猾夏

庚辰元世祖至元十七年

辛巳南康漳州兵起

甲申至元二十一年

己丑至元二十六年

江廣台婺兵

胡長孺甯海主簿金華人事見一統志○案元史儒學傳載其政績甚詳

黃超然黃巖人見一統志

趙與票黃巖人見一統志

陳紹大黃巖人見隱逸錄○字成甫案寶祐四年進士陳紹大僊居人字仲實知眞州別一人

黃宏超然從子見一統志

起

甲午至元三十一年

乙未元成宗元貞元年

辛丑大德五年雲南兵起

甲辰大德八年

戊申元武宗至大元年

壬子元仁宗皇慶元年

王居敬總管事見一統志○案官守志至順二年至當次後嘉靖臨海縣志赤亦頰潭元統元年王守居敬禱雨隨應案至順三年文宗

阮祖立臨海人見元史孝友傳○案元史孝義傳無此人

呂徽之僊居人見輟耕錄○名起猷

陳孚臨海人翰林待制事見元史儒學傳

翁森僊居人見一統志

年
甲寅延祐元年
辛酉元英宗至治元年
甲子元泰定帝元年
乙丑泰定二年廣
西兵起
己巳元明宗天歷二

崩明年爲順帝元統元
年則次此誤矣
黃溍甯海丞金華人事見一統志○元史
有傳
趙鳳儀總管事見一統志○至治三年
至
○馬端臨郡教授著文獻通考

盛象翁黃巖人見儒林錄
周仁榮臨海人集賢待制事見元史儒學傳
孟夢恂黃巖人本郡學錄見元史

年○明原誤交

庚午元文宗至順元年○九字原脫

癸酉元順帝元統元年

甲戌元統二年月彥明錄事見一統志

戊寅至元四年合白景亮總管事見一統志

惠漳袁開封兵皆起

甲申至正四年京林興祖黃巖同知事見一統志

周潤祖臨海人見一統志

牟楷黃巖人見隱逸錄

蔡積中臨海人見隱逸錄

陳德永黃巖人見儒林錄

林古泉黃巖人見節義錄○名夢正

幾沿江山東河南兵皆起

戊子至正八年方國珍兵起

趙琬總管事見一統志

辛卯至正十一年徐壽輝稱帝

甲午至正十四年郭子興兵起張士誠兵起韓林兒稱宋

石抹繼祖萬戶事見一統志

柯九思僊居人奎章博士見文苑錄○宋文宗時九思爲奎章閣鑒書博士當亥前

應文虎黃巖人能詩見赤城詩集

小明王建元龍鳳乙未至正十五年

我太祖皇帝起兵自和州渡江收復諸夏庚子至正二十年陳友諒弑其主徐壽輝自

太不華臨海人見元史○太當作泰黃巖人見文苑錄

潘省中○名伯修

稱漢帝我師與友諒大戰於鄱陽湖友諒敗死甲辰至正二十四年我太祖建國號曰吳我師執張士誠于平江士誠死之

黃觀成黃巖人見文苑錄○名中德

潘擇可黃巖人見文苑錄○名從善至正十一年進士當次前

方國珍以台溫慶元三郡降於我太祖

國朝

戊申洪武元年春正月我太祖皇帝即位於金陵建國號曰大明建元曰洪武

范明敬知府湖廣人見一統志

王士弘甯海知縣見一統志

唐宏黄巖知縣見一統志○案當言知州

俞宗愷甯海教諭見遜志齋集

王煇河南人以監察御史擢知府事見一統志

陶凱臨海人禮部尚書見始豐稿

葉兌甯海人上武事一綱三目策見論諫錄

朱右臨海人國史編修見李五峯集

徐一夔天台人杭州教授見宋潛溪集

張純誠甯海人監察御史見洪武修史事實

方克勤甯海人濟甯知府見潛溪集

秋八月我師至通州元主妥懽帖睦爾奔漠北國滅
甲寅洪武七年
甲子洪武十七年
甲戌洪武二十七年

吳仲勝推官事見一統志
麗惟方臨海知縣見一統志
芮麟甯國人以監生擢知府事見一統志
王原彩僊居訓導○案王叔英爲僊居

楊大中臨海人見一統志
郭楨黃巖人饒陽知縣見文苑錄
葉夷仲臨海人刑部主事見潛溪集○名見泰
葉伯巨甯海人平遙訓導見赤城論諫錄
林公輔臨海人見遜志齋集○名右亦作佑
王進德臨海人事見遜志齋集○名敏
許廷慎黃巖人見文苑錄○名伯旅
郭士淵甯海人見遜志齋集○名濬
詹鼎甯海人見遜志齋集

丁丑洪武三十年

戊寅靖難兵起以下五年今俱屬洪武案戊寅洪武三十一年閏五月帝崩己卯建文元年七月靖難兵起此誤

癸未永樂元年太宗皇帝

訓導在洪武二十年當次芮麟之前

周公輔甯海縣丞以爭築堤浚河事爲民而死

江恕郡守湖廣人見一統志

張誠天台縣丞事見一統志

鄭士利甯海人見論諫錄

許士修甯海人見遜志齋集○名繼

王原彩黃巖人見六忠臣錄○名叔英

方希直甯海人見十大儒錄○名孝孺

王修德甯海人見遜志齋集○名琦

陳圭黃巖人見洪武六孝子錄

徐宗實黃巖人兵部侍郎見黃少保淮墓誌銘

賀銀臨海人通政使見一統志

戚存心臨海人禮部侍郎見一統志

入繼大統

甲申永樂二年

甲午永樂十二年

甲辰永樂二十二年仁宗皇帝即位

戴新山東人由進士以戶部員外郎擢知府事舊志稱其勤儉公平有循良之名終布政使

鮑原宏黃巖人伊府紀善見文苑錄

童謨黃巖人布政使

魯穆天台人僉都御史見一統志

郭原亮黃巖人新昌訓導見文苑錄

李茂弘黃巖人吏部員外郎見一統志

陳璲臨海人翰林檢討提學僉事見劉學士定之墓誌銘

趙季通天台人國子司業見一統志

王一甯僊居人太子少師見一統志

徐善述天台人春坊贊善贈太子少保見一

乙巳洪熙元年宣宗皇帝即位

丙午宣德元年

程賢眞定人由監生以刑部員外郎擢知府事罷三關建齊政樓

甲寅宣德九年

乙卯宣德十年英宗皇帝

統志

夏迪天台人歷官左副都御史事見趙司業行狀○案迪洪武二十年舉人當次童讀後

葉恩臨海人池州知府見文苑錄

杜甯天台人翰林侍講兵部侍郎見文苑錄

張粹黃巖人國子學錄見文苑錄

陳員韜臨海人福建布政見張賛善元禎傳

葉黼黃巖人號拙訥見劉學士儼墓志銘

范理天台人吏部侍郎事見楊學士守陳墓志

章瞰黃巖人兵部主事見劉學士定之墓志銘

即位
丙辰正統元
年
甲子正統九
年
己巳正統十
四年英宗皇
帝北狩郕王
即皇帝位
庚午景泰元

林璧黄巖人吏部郎中事見應教諭志和行述
黄彥俊黄巖人兵部主事見陳學士循墓志
銘○右四人皆宣德四年舉人並登丙辰進士惟范
理聯捷庚戌進士

夏塤天台人副都御史才略節槩俱見科名下

| | | |
|---|---|---|
| 年 | | 林鶚太平人刑部侍郎事見邱學士濬墓志銘 |
| 甲戌景泰五年 | | 謝省太平人寶慶知府年未六十力乞致仕事見李學士東陽墓表 |
| 丁丑天順元年英宗皇帝復位 | 邢宥廣東人由進士以監察御史擢知府事未幾坐舊任詿誤去民多思之仕終僉都御史 | 應志和太平人鄱陽教諭事見文苑錄 |
| 甲申天順八年憲宗皇帝卽位 | 阮勤交址人由進士以大理寺正擢知府事修學校建鄉賢祠及上蔡書院今以刑部侍郎致仕 | |
| 乙酉成化元 | 孔彥綸句容人由舉人擢爲通判秩滿 | 陳選員嶠子廣東左布政事見張學士元禎墓 |

年

甲午成化十年

卒于官貧無以殮士論表數十年來稱郡佐之有守者必以彥綸爲第一

劉忠 山東人由監生以監察御史擢知府事今以副都御史致仕

袁道 吉水人由進士擢太平知縣未三年以憂去邑人思之立去思祠事見立祠事蹟仕終監察御史

郭紳 宜春人由進士擢甯海知縣修方遜志祠堂刻其文以傳後爲監察御史

葉贇 山陽人由進士以刑部郎中擢知府

黃孔昭 太平人彥俊子工部侍郎事見李學士東陽神道碑○案選與孔昭皆天順四年進士

甲辰成化二十年

丁未成化二十三年今上皇帝即位

戊申宏治元年

甲寅宏治七年

事今陞江西布政使

赤城新志卷之三終

黃巖王棻校注建陽周延祚刊餘杭孫樹義校

赤城新志卷之四

## 風俗

傳曰百里不同風千里不同俗葢高山大川風氣爲之限隔民生其閒其習俗固不能以不異也台雖揚州之域然在甌越萬山中而東原作南誤薄於海漢唐以前猶號僻左至宋南渡密邇邦畿治化聲教之所先被大賢君子之所過化於是風氣亦隨以變而習俗之美遂視昔倍蓰矣況我

聖祖用夏變夷移風易俗之功上軼於宋而台猶在近服爲王化之所不後者乎作風俗志以見古今世道之升降而非徒以土地之變遷盛衰爲也

昔周公遷殷民於洛邑而親自監之又必繼以君陳畢公既歷三紀而後世變風移夫洛邑周之下都非邊徼蠻貊比也以周公元聖而治之其移風易俗猶若是之難況台故爲百粵地隆自秦漢所謂治化風教者已遠不逮於周矣自非漸被染習緜歷千數百年之久孰能使之一變以成其俗之美也哉

漢元封初徙東越之民於江淮而空其地則是時台猶在荒服中風氣尚未盡開民俗尚未盡變至三國時郡人始有爲尚書僕射以忠節自奮者屈晃則士風俗尚殆將非復曩昔比矣

唐高宗時來濟以宰相貶台州刺史元宗時鄭虔以廣文博士貶台州司戶是台在唐猶爲貶謫之所則風俗之未盡美亦略

可見矣菜案北宋時最號無事米斗百錢魚肉每觔三十錢薪柴蔬茹絕易得百姓富樂不識官府之嚴見陳公輔臨海風俗記

宋建炎初高宗南渡駐蹕於杭吾台實爲輔郡於是耆儒碩輔之道德勳業以及文章之士始班班焉淳熙中考亭朱子以常平使者行部於台謁二徐先生之墓有詩曰道學傳千古東甌說二徐二先生崇宣建紹間人也方是時台人未知洛學而二先生已得湖學之傳而爲朱子之所景慕如此則台之儒風俗尙固已駸駸乎與上國等矣

宋太史公景濂有言自晦菴朱子紹伊洛之正緒號爲世適益衍而彰傳道而受業者幾徧大江之南而台爲特盛當是時台

之從晦菴遊者若石公子重杜公曄與其季知仁以及趙公幾道林公佫潘公子善郭公磊卿輩皆林立並起以有聞於世由是二杜公一傳而爲丞相淸獻公範再傳而爲玉峯車公若水壽雲黃公超然師友淵源益濬而洪益擴而大伊洛之學彬彬於台家詩書而人逢掖宛然鄒魯之遺風矣是以宋亡於元搢紳先生往往竄匿山谷或服衰麻終其身或慟哭荒郊斷隴閒如喪考妣出遜志齋集其民皆結壘自相戰守力盡則闔門就死而不辭出林公輔集於乎士風民俗至是亦蔑以加矣朱子嘗言豈非天旋地轉閩浙反爲天地之中而風俗之美若是哉自是以來忠節孝義史不絕書蓋凡天下稱文獻之邦者舍吾台恆莫之

先焉

我朝

太祖皇帝殄滅胡元再造區夏一洗百年之陋俗挽回千古之遺風凡在覆載之内者莫不改心易慮願爲比屋可封之民況吾台風俗之素美者乎是以開國之初或以籌策參謀軍旅如葉艮仲上武事一綱三目或以文章黼黻皇猷如陶尚書凱典教大本堂纂修元史既已爭先快覩與天下士相頡頏矣至于變故之來以身殉國視死如歸高風直節驚動一世而其道德問學之懿則又曠前絶後舉天下而莫與之京是吾台國初風俗之美視宋豈不爲有光哉自是以來百餘年閒士皆激昂奮勵以禮義廉耻爲先以行檢名

節爲貴非下愚不移者必不屑自棄於貪墨躁競之途民皆質直愿愨以耕鑿芻蕘爲生以安土重遷爲業非貧困無聊者必不肯自墮於商販胥徒之役富貴之歸故鄉者至城府必舍車而徒見父老必以齒爲序强宗之稱豪右者雖或尚氣而倡之以義則從雖或好爭而折之以理則服士風民俗視國初之盛雖或稍有不同而較之他郡則誠有間矣

一統志載台之風俗其人樸靜其俗儉約吳荆溪子良記也閭閻興禮讓囹圄長榛蕪陳古靈襄詩也二公一在宋慶厤一在宋嘉定去今日猶未遠也今當承平熙洽之世禮遜之風當益盛樸靜之俗當益厚乃有以很鬬健訟稱吾邦而號爲難治者

其誣也不亦甚哉於乎此豈吾民之罪也哉

孔子有言齊一變至於魯魯一變至於道夫齊魯皆聖賢之後其遺俗在孔子之時猶必待一變再變而後能至於道則夫吾台今日之風俗又安敢自謂盡善盡美而無待於變者哉是故一道德以同俗其回斡之機固有在於君相若乃省方設教補其偏以救其弊則守令與有責焉噫彼仇覽郭林宗一亭長布衣耳猶知以教化風俗爲務蔡案後漢書循吏傳仇覽字季智一名香陳留考城人也年四十選爲蒲亭長勸人生業爲制科令農事既畢令就黌學期年大化民有陳元者母告不孝覽親到元家爲陳人倫譬以禍福元卒成孝子又郭太傳字林宗性明知人好獎訓士類況上與天子分千百里之權得其民以治而獨區區簿書期會之閒或

者又從而魚肉之其亦謂之何哉

赤城新志卷之四終

後學王棐校注　建陽周延祚刊　孫樹義校

# 赤城新志卷之五

## 版籍

自井田之法廢而民無恆產自爭地之戰興而民不聊生民不聊生而無恆產於是而又展轉於版籍之弊民之害其何時而已也其版籍之所載者莫重於戶口莫急於田糧而雜賦亦隨之以爲盈縮是故以今之戶口而論則以衆多爲寡少以見在爲逃亡甚者至以絶戶爲里甲而影射田糧以官戶爲寄莊而躲避徭役其爲弊也可勝言哉以今之田賦而論則有力者以上田爲下無力者以下田爲上甚者至以官作民而盜賣則產去稅存而號爲缺額以民易官而僞收則田亡糧在而稱爲重

糧其爲弊也又可忍言哉噫有司者不此之務而徒據見在之版籍以定賦稅又據見報之實徵以爲催科民之害其何時而已也夫有司之於民猶醫者之於病緩則治其本急則治其標今民不特困於田賦而雜賦之困尤甚其爲病也急矣苟以其本之不治遂并其標而棄之則吾民之病惟有死而已於乎本固無如之何矣標之不治至於坐視其死而不顧其誰之責哉

## 田賦戶口

宋嘉定以前見舊志寶慶至德祐無可考今止自元始

### 元

本路田地山二萬九千一十五頃七十一畝五分七釐一毫

田二萬六千三百四十二頃九十二畝七分五釐五毫

地六百五頃二十畝八分五釐四毫

山二千六十七頃五十七畝九分六釐二毫

本路總計夏稅中統鈔二千九伯九十一錠一十九兩二錢一分三釐

秋糧七萬三百四十石九斗二升八合

正米六萬六千一百一十二石五斗七升五合

耗米四千二百一十二石五斗七升五合

本路總計南北諸色戶一十九萬九千九百七十四

單身五百七十六

錄事司南人戶計三千四百七十又單身五百二十

宏治赤城新志卷五　二

國朝

洪武二十四年官民田地山塘一萬一千六百九十頃九十九畝三分五釐案一萬當作四萬

田二萬五千五百四十五頃八十六畝四分三釐二毫

地七千九千頃六十六畝九分五釐

山七千八百一十一頃二十三畝二分九釐五毫

塘三百七十頃八十七畝三釐九毫

湖一頃三十八畝三分五釐

河九畝六分三釐

潭五畝

魚櫃基一處案下文基作■是也

窰竈二十七座

官房七千八百三十五間半六百九十九厦三披五葉

[臺]門二座

官塼混堂一座

夏税麥三萬六百七十二石六斗六升二合八勺九抄

豆三石八斗八升一勺

鈔四千六百四十三錠三貫八百一十二文

秋糧米一十四萬二百三十七石四斗一升九合三勺

鈔五百八十四錠四貫二百四十二文

宏治赤城新志卷五

三

官房混堂賃鈔二百一十六錠四貫四百五十六文
窯竈課鈔一十五錠四貫四百一十文

洪武二十四年抄籍人戶一十九萬七千四百六十八
人口七十八萬一百十六禁案抄籍猶言著籍此時戶口最多其後遞減蓋皆官吏隱匿所致也

永樂十年抄籍人戶一十三萬三千三百九十五
人口四十九萬七千二百三十三

宏治五年重造黃册戶口田糧
本府六縣共五百四十五里

戶口

人戶七萬二千六百八十五戶

人口二十四萬五千三十五口

男子一十七萬一千八百九十三口

成丁九萬二千五百口

不成丁七萬九千三百六十二口

婦女七萬三千一百四十二口

大口五萬二千九百二十四口

小口二萬二百一十八口

田糧

官民田地山塘湖河潭池四萬一千四百四頃四畝五

分六毫一絲六忽

魚櫃磯一處

沙水七處

夏稅麥正耗四千八百一十一石六斗九升七合三勺

鈔八百八十四錠二貫六十六文六分

麥苗麥二萬三千二十三石一斗四升三合五勺

夏租麥三千六百四十八石五斗一升三合六勺

鈔二貫一百五十五文

夏賃鈔一百五十一錠三貫四百五十三文

絲七十七兩四錢一分

秋糧米正耗一十萬三百三十四石二斗三升七合七勺

秋租米正耗二萬五千七百四十一石一斗五升九合三勺

麥租麥五斗六升二合五勺

秋租鈔二百二十錠四貫四百八文

税鈔三千八百九十錠四百一文七分

賃鈔一千四百二十九錠一貫三百二十五文二分

課鈔二十六錠三貫一十文

牛租鈔四錠五百文

宏治赤城新志卷五

臨海縣一百五十七里

戸口

八戸二萬一千五百二十二戸

人口五萬九千八百八十一口

男子四萬八千七十五口

成丁二萬二千六百二十四口

不成丁二萬五千四百五十一口

婦女一萬一千八百六口

大口一萬四百一十三口

小口一千三百九十三口

田糧

官民田地山塘湖一萬六百二十五頃七十八畝七分六釐七毫八絲四忽

夏税

麥正耗一千二百八十四石四斗三升二勺

鈔二百七十一錠二貫一百八十二文

麥苗麥六千二十八石一斗三升八合八勺

夏租麥正耗九百一十六石九斗三升七合六勺

秋糧米正耗二萬八千五百一十八石九斗一升二合一勺

秋租米正耗三千七百八十石九斗四升五合

租鈔六十三錠九文

稅鈔一千一十一錠四百五十七文七分

賃鈔四百九十六錠三貫一百一十三文五分内官

房賃鈔六十錠三貫七百三十九文

課鈔二十六錠三貫一十文

黄巖縣八十二里

戸口

人戸一萬一千一百二十九戸

人口四萬四千六百二十一口

男子二萬六千一百九十五口

成丁一萬一千七百五十九口

不成丁一萬四千四百三十六口

婦女一萬八千四百二十六口

大口九千三百二十八口

小口九千九十八口

田糧

官民田地山塘六千七百五十五頃二畝九分九釐七

毫

夏税

麥七百五十一石三斗一升九合五勺
鈔三百一十五錠三貫二百五十五文
麥苗麥二千九百六十三石五斗二升六合三勺
夏租鈔一貫八百八文
夏租麥一石二斗八升四合五勺
秋糧米二萬七千七百九十石五升五合五勺
租米六千七百八十石七斗一升九合六勺
租鈔七十六錠四貫九十八文
稅鈔三百三十錠七百四十七文
賃鈔三百二十三錠二百八十六文内房賃并官碾

混堂賃鈔一百六十四錠四貫九百二十一文

太平縣八十五里

戸口

人戸一萬一千六百五十一戸

人口四萬七千五百一十六口

男子三萬一千五百一十口

成丁一萬六千四百二十二口

不成丁一萬五千八十八口

婦女一萬六千四十六口

大口一萬一千九百六十四口

小口四千八十二口

田糧

官民田地山塘灺五千八百三十四頃六十三畝六釐

四毫八絲二忽并沙水七處

夏稅

麥正耗九百五十一石三斗六升九勺

鈔二二百六十一錠一貫五百四十三文

麥苗麥二千二百六十一石六斗五升三合三勺

夏租鈔三百四十七文

夏租麥一石三斗六升

絲七十七兩四錢一分

秋糧米正耗一萬六千四百七十六石六斗九升二合

四勺內河池米五斗四升五合

租米正耗四千一百三十六石八斗六合四勺

麥租麥五斗六升二合五勺

租鈔七十五錠二貫二百三文

稅鈔四百九十七錠三貫四百三十二文

賃鈔二百五十六錠二貫四百一十文內房賃鈔一

百四十一錠四貫三佰九文

牛租鈔四錠五百文

宏治赤城新志卷五

甯海縣一百七里

戸口

人戸一萬二千九百六十三戸

人口五萬一千七百二十五口

男子三萬四千八百五十四口

成丁二萬九百七十二口

不成丁一萬三千八百八十二口

婦女一萬六千七十一口

大口一萬一千四百九十二口

小口五千三百七十九口

田糧

官民田地山塘九千八百五十四頃九十六畝四分五

絲

夏税

麥二百七十九石五斗三升六合四勺

鈔三十六錠八十六文

麥苗麥三千一百三石二斗四升六合六勺

租麥九百六十八石三斗一升九合四勺

秋糧米九千五百四十一石七斗二升三合四勺

租米四千五百二十一石九斗七合一勺

宏治赤城新志卷五　一

稅鈔一千二百九十四錠三貫五十二文

賃鈔二百二十八錠一貫一百六十三文七分內官

房賃鈔六十錠四貫四百二十八文

天台縣三十六里

戶口

八戶四千四百七戶

八口一萬一千二百七口

男子八千二百八十七口

成丁四千二百九十九口

不成丁三千九百八十八口

婦女二千九百二十口

大口二千八百四十二口

小口七十八口

田糧

官民田地山塘湖潭四千六十八頃二十四畝五分四釐并魚櫃磯一處

夏稅

麥正耗九百六十四石二斗九升八合二勺

麥苗麥三千九百二十七石七升三合四勺

租麥正耗一千五百九十四石三斗九升九合

税鈔三百七十二錠二貫五百六十二文

賃鈔一百五十一錠三貫四百五十三文

秋糧米正耗一萬一千二百四十七石九斗三升一合

租米正耗三千九百四十五石一斗六升三合七勺

租鈔五錠三貫九十八文

賃鈔三十錠二貫五百五十文内官房賃鈔二十二

錠一貫三百七十文

僊居縣七十八里

戶口

人戶一萬一十三戶

人口三萬四十五口

男子三萬二千七百七十二口

成丁一萬六千二百五十五口

不成丁六千五百一十七口

婦女七千二百七十三口

大口七千八十五口

小口一百八十八口

田糧

官民田地山塘河四千二百六十五頃三十八畝七分

三釐六毫

夏稅

麥正耗五百八十石七斗七升九合一勺

夏租麥正耗一百六十六石二斗一升三合一勺

麥苗麥四千七百三十九石五斗五合一勺

秋糧米正耗六千七百四十九石九斗二升四合三

勺

秋租米正耗二千五百七十五石六斗一升七合五

勺

賃鈔九十四錠一貫八十二文內官房賃鈔二十四

錠三貫五百一十三文

稅鈔四百八十四錠一百五十一文

宏治六年分

本府額徵

夏稅

麥三萬一千四百八十三石三斗五合一勺

鈔五千一十九錠三貫八百三十一文三分

秋糧

米一十二萬六千六十五石七斗一合四勺

鈔一千五百六十錠三貫四百八十文

戶口食鹽

宏治赤城新志卷五　三

米六千二百四十五石七升三合二勺一抄三撮

鈔一萬七千七百一十二錠三貫五百文

臨海縣額徵

夏税

麥八千二百二十九石四斗二升九合五勺

鈔一千二百八十二錠七百九十七文

秋糧

米三萬二千二百九十九石五斗九升八合

鈔五百五十九錠二貫八百二十二文

戶口食鹽

米一千三百七十一石五斗二升二合三勺四抄三

撮七圭

鈔四千八百八十錠一貫

黄巖縣額徵

夏税

麥三千七百一十六石一斗三升三勺

鈔六百四十五錠四貫二文

秋糧

米三萬四千五百七十石七斗七升五合一勺

鈔四百錠一貫一百九十二文

戸口食鹽

米九百五石六斗八升九合六勺八抄七撮五圭

鈔二千四百八錠四貫五百文

太平縣額徵

夏稅

麥三千二百一十四石三斗七升四合二勺

鈔五百三十三錠四貫九百三十八文

秋糧

米二萬六百一十四石六升一合三勺

鈔五百六十一錠四百九十七文

戶口食鹽

米一千二百五十三石二斗七升七合一勺

鈔二千二百八十八錠

寧海縣額徵

夏稅

麥四千三百五十一石一斗二合四勺

鈔一千四百五十八錠四貫三百二文三分

秋糧

米一萬四千六十三石六斗三升五勺 案此下當有鈔一行原無

戶口食鹽

宏治赤城新志卷五 三

米一千四百六石三斗七升四合五勺三抄一撮二圭五粟

鈔四千五百四十八錠二貫五百文

天台縣額徵

夏稅

麥六千四百八十五石七斗七升六勺

鈔五百二十四錠一貫一十五文

秋糧

米一萬五千一百九十二石九升四合七勺

鈔三十六錠六百四十九文

戸口食鹽

米二百八十八石七斗六升五勺

鈔一千三百四十二錠四貫五百文

僊居縣額徵

夏稅

麥五千四百八十六石四斗九升八合一勺

鈔五百七十四錠三貫七百七十七文

秋糧

米九千三百二十五石五斗四升六合八勺

鈔三錠三貫三百二十文

戸口食鹽

米一千一十九石四斗四升六合五抄

鈔二千二百四十四錠

雜賦

元

柑子二萬三千顆　沙魚皮一百六十七張

魚鰾一百四十斤　貉皮一千一百二十四張

國朝

洪武歲辦額數

魚

石首魚　鯔魚　鰻魚　鯇魚　黃鰿魚

龍頭魚　鱸魚　海鰿魚　銀魚　鰕米

泥螺　水母線　螟乾案即明脯　白蟹　蚶

茶芽

蜂蜜

黃蠟

段疋

正額花素紵絲二百三十六匹閏月花素紵絲二十匹

顏料

荒絲七百三斤一十二兩

黃丹四十斤一十兩六錢三分二釐六毫
青靛九百四十七斤八兩七錢七分
黃梔二十斤五兩二錢六分九釐
槐花四十二斤七兩八錢三釐七毫五絲
明礬七十二斤八兩五錢七分七釐五毫
豬胰四十斤二十兩八錢四分九釐七毫五絲案二十兩當作十二兩
木柴一千六十四斤一十二兩九錢三分二釐五毫

藥味

烏藥三百三十斤　骨碎補一十斤

白朮二百斤　台芎三百斤

皮張

白硝麂皮一千張　雜色毛皮一千六百八十張

翎毛二十七萬九千三百一十根

弓二千張　弦一萬條　箭一萬八千一百八十枝

歷日紙

黄紙一萬九千張　白紙一十六萬張

宏治歲辦額數

段匹

織染局該造二百三十六匹

丹礬紅八十匹　深青七十八匹　黑墨綠七十八匹

合用顏料

荒絲七百三十七斤八兩

靛青一千七斤十二兩三錢五分

緋丹三十四斤六兩八錢四分

明礬六十五斤十四兩三錢

槐花米四十二斤　洸煉等灰五千八百九十斤

豬胰四十二斤五兩七錢四分

木柴四百七十二束

太平縣分割溫郡樂清縣三十二里該造一十一疋

光素丹礬紅三疋　深青三疋

黑壓綠三疋　織金胷背大紅麒麟一疋

深青虎豹一疋　原定價銀五十一兩六錢

已上共該絲等料價白銀共一千四十二兩八錢

臨海縣白銀三百三兩三錢六分

黃巖縣白銀一百五十八兩四錢三分

寧海縣白銀二百六兩七錢四分

僊居縣白銀一百五十兩七錢一分

天台縣白銀六十九兩五錢六分

太平縣白銀一百五十四兩

宏治赤城新志卷五

農桑絲絹

臨海縣二百八十六疋二丈三尺八寸五分

黄巖縣二十一疋二尺

寧海縣三十八疋七尺五寸

天台縣六十七疋一丈四尺五寸

僊居縣六十九疋一丈四尺四寸

太平縣一十七疋二丈七尺七寸六分

弓箭弦翎

臨海縣該造弓六百一十張箭五千一百九十枝

弦三千五十條

寧海縣該造弓三百九十張箭三千九百枝

弦一千九百五十條

僊居縣該造弓三百張箭三千枝

弦一千五百條

黃巖縣該造弓三百三十四張箭二千七百八十枝

弦一千六百六十五條

天台縣該造弓一百五十張箭一千五百枝

弦七百五十條

太平縣該造弓二百一十六張箭一千八百一十枝

弦一千八十五條

臨海縣翎毛八萬根
寧海縣翎毛四萬根
僊居縣翎毛四萬根
黄巖縣翎毛一萬三千六百二十四根
天台縣翎毛四萬根
太平縣翎毛八千八百七十二根

皮張

臨海縣雜色皮張一千一百三十張
寧海縣雜色皮張三百八十張
黄巖縣雜色皮張三十四張

僊居縣雜色皮張六百一十張

天台縣雜色皮張三百六十張

太平縣雜色皮張二十三張

藥材

臨海縣

骨碎補一十斤　白朮一百斤

台芎一百四十四斤　豬牙皂角三斤

粟殼三十斤（葉書案粟當作栗下同）　半夏麯三斤

生地黄六十三斤

黄巖縣

宏治赤城新志卷五

白朮三十七斤　台芎七十六斤

粟殼一十八斤　豬牙皂角二斤

半夏麴二斤　生地黃三十斤

太平縣

白朮二十五斤　台芎五十斤

豬牙皂角一斤　粟殼一十二斤

半夏麴一斤　生地黃二十斤

天台縣

烏藥五百斤　台芎五十斤

豬牙皂角一斤　粟殼十斤案此原本作栗下同

半夏麯一斤　生地黃二十斤

僊居縣

烏藥五百斤　台芎九十斤

豬牙皂角十斤　栗殼十斤

半夏麯二斤　生地黃三十一斤

寧海縣

白朮三十八斤　台芎九十斤

豬牙皂角二斤　半夏麯二斤

栗殼二十斤　生地黃三十六斤

荐新茶芽

本府額辦一十五斤

臨海縣九斤　　黄巖縣四斤

太平縣二斤

歷日紙

使司

黄紙二萬一千八百張　白紙一十四萬二十三張

白綿紙八千張　尺九黄紙八百一十六張

狀元黄紙二百四十張

墨煤八十斤　黄丹一十一斤

南京

黃紙五千九百張　白紙六萬八千五十張

牲口每豬一口價銀一兩七錢鵝一隻價銀三錢

臨海縣肥豬五十九口銀一百兩三錢鵝一百八十九隻銀五十六兩七錢

黃巖縣肥豬三十二口銀五十四兩四錢鵝九十二隻銀二十七兩六錢

太平縣肥豬三十二口銀五十四兩四錢鵝一百二隻銀三十兩六錢

僊居縣肥豬二十七口銀四十五兩九錢鵝一百七隻銀三十二兩一錢

宏治赤城新志卷五

寧海縣肥豬三十七口銀六十二兩九錢鵝一百四十七隻銀四十四兩一錢

天台縣肥豬一十五口銀二十二兩五錢鵝三十五隻銀一十兩五錢蔡案豬一十五口計銀二十五兩五錢此云二十二兩五錢誤

赤城新志卷之五終

黄巖王棻校注　建陽周延祚刊　餘杭孫樹義校

# 赤城新志卷之六

## 水利

古者水利之修所以節天時資民用亦財成輔相之一端此河渠之書溝洫之志所不得而缺也況吾郡地濱山海易爲旱澇在所尤急者乎故所謂水利者有塘有礁有圩岸有埭有閘有陡門皆所以時蓄洩而備旱澇也歷歲既久人情玩愒不惟泥淤石泐而富噬豪呑者亦有之矣故舊志雖已載之而其興廢修復之故先後緩急之功皆有司之所當知而預爲之備者故又不得而略焉

閘陡門　閘凡二十六所陡門凡六所

橫溪閘

嶺下閘俱在臨海縣長樂鄉洪武二十四年辦事官孔良

弼監築

古橋閘

汪家潭閘

能仁塘閘

蓮橋閘

回龍閘俱在臨海縣保樂鄉

常豐清混二閘在黃巖縣東隅宋元祐中提刑羅適建元

大德中知州韓國寶修舟楫往來隨潮大小以司啟閉

必先啟清閘出河內船於混閘中即閉清閘而啟混閘放之於江又納江中船於清閘外即閉混閘而復啟清閘以放之於河所以防潮水之進清水之洩也按詳見林昉韓知州鼎建閘莊先賢祠堂記文載赤城後集後凡言詳見者放此

鮑步閘

長浦閘俱在黃巖縣五十四都元大德中重建

洋嶼閘在黃巖縣五十一都舊有埭旱則築之澇則決之

西城閘在黃巖縣二十一都元大德中知州韓國寶建

陡門閘在黃巖縣六十四都後徙於仙浦大德中重修

石秋閘在黃巖縣二十五都王維翰按秋當作湫

蛟龍閘在黃巖縣六十三都元大德中重修

羅川閘在黃巖縣五十六都里人余端甫建歲久崩壞正統中其孫廷美修之進士王欽記 按文載赤城後集

沙埭上下二閘在太平縣宋端平閒林嵩年建

周洋閘在太平縣十一都大德中重建此閘衆流要衝地形卑下隨築隨潰必先於閘側依山荒地别創河涇一派通黃巖場中扇分緩水勢閘之上下又築埭以分限山水海潮而後閘之功可施如此不惟農人獲灌溉之利而鹽場亦藉之以通運矣

黃望閘在太平縣第八都宋元祐中羅適建天順中同知

鍾鼎重修

金淸閘在太平縣第八都宋淳熙間建大德中重修景泰間知縣張彥復修之都憲李匡爲之記文載赤城後集題誤作黄望

西嶼閘在太平縣第十都宋淳熙中知縣李公鎬議捌元大德間修治比舊增廣今廢

永豐閘在太平縣第十都元大德中修築

中閘在太平縣十一都即迂浦閘與永豐相望太平水鄉衆流所趨數里之間盤旋九折以達於海諸閘之尤大者宋朱文公熹建成化中知縣袁道修

車路閘在太平縣第五都元至正間建

廣福塘陡門在臨海縣承恩鄉

永慶塘陡門

鎖浦莊陡門

雙陡門俱在臨海縣保樂鄉

九眼陡門

六眼陡門俱在太平縣西

塘堰埭塘凡一百七十九所埭凡二十九所 堰凡二十八所楊晨按下文止二十六所

鹹塘

姥⿰女屈塘按字典無⿰女屈字疑當作堀同窟誤土爲女耳

交塘俱在臨海縣寧化鄉洪武二十四年辦事官孔良弼

監築

嶺裏塘

水塘

上湖塘

官市塘

觀山塘

象龜塘

和尚塘

仇家塘

章家塘

漩塘

道士塘

上猷塘俱在臨海縣太平鄉洪武二十八年人材鄧宏遠開築

泉水塘

興國塘俱在臨海縣安樂鄉鄧宏遠開築

廣化塘在臨海縣遂仁鄉鄧宏遠開築

清塘在臨海縣延壽鄉鄧宏遠開築

忻家塘在臨海縣重暉鄉洪武三十年人材王整開築

井頭塘在臨海縣承恩鄉

浦北塘在臨海縣保樂鄉

杺坑塘

長灣塘

盧奧塘

金山塘

施家塘

林家塘

化山塘

董家塘

山灣塘

菱塘

古灣塘俱在臨海縣太平鄉王整開築

嶺下塘在臨海縣太平鄉永樂中本府通判陳嚴修築

白竹塘

和尚塘俱在臨海縣重暉鄉按太平鄉亦有和尚塘見前

龍疊塘在臨海縣保樂鄉

蔡奧塘

横山塘

寶花塘俱在臨海縣長樂鄉陳嚴修築

何奧塘

羅家塘

林家塘俱在天台縣第一都

山頭塘

古塘

上方塘俱在天台縣第二都

滕湖塘

茅園塘

黄公塘俱在天台縣第三都

巖頭塘

董石塘

大横塘
肇慶塘俱在天台縣第四都
新宫塘在天台縣第五都
淨塘
金家塘
鮑專塘
永豐塘
慶濟塘俱在天台縣第六都
大碟塘
董山塘俱在天台縣第七都

婁山塘

上黃塘俱在天台縣第八都

泥灣塘

西洋塘

上下高塘

黃扁塘

三口塘

黃大塘俱在天台縣第九都

天封塘

黃泥塘

丁家塘

瓦窰塘

王黃塘

利民塘俱在天台縣第十都

萬工塘

傳教塘俱在天台縣十一都

馬長塘

赤城塘

顧家塘

倒廟塘

吳家塘

國清塘

上黄塘 按第八都亦有上黄塘見前

兩頭塘

蔣家塘

西奥塘

黄茆塘

百步塘

路邊塘

華林塘

宏治赤城新志卷六

蔡家塘

紹興塘俱在天台十二都

後嶺塘

塘奧塘

西奧塘俱在天台十三都按十二都亦有西奧塘見上

黃家塘

護國塘

蘇奧塘

洋坑塘俱在天台十四都

石家塘

黄監塘

後黄塘

下厲塘俱在天台十五都

大奥塘

石奥塘俱在天台十六都

橋亭塘

廟前塘

福民塘

上下温塘

盧家塘

金家塘俱在天合十七都按第六都亦有金家塘見前

黄家塘按十四都亦有黄家塘見前

黄稔塘

吳公塘

泥井塘

葛家塘

雞子塘

周家塘

金戚塘

徐公塘

鯉魚塘

上下莆塘

竹園塘

紅蓮塘

麻車塘

大聖塘

後萬塘

牛厄塘 按厄當作軛蓋形似牛軛之曲也

尉師塘

胡奥塘俱在天台十八都

宏治赤城新志卷六

大官塘
金家塘 按十七都有金家塘見前
塔塘
石鯉塘俱在天台十九都
咸塘
大奥塘
黄家塘 按十四都十八都俱有黄家塘並見前
大塘俱在天台二十都
陳家塘
叉路塘

橋亭塘按十七都有橋亭塘見前

葛大塘俱在天台二十二都

大湖塘

新塘

姥嶺塘

張家塘

黄下塘俱在天台二十四都

菖蒲塘

林大塘

苔井塘

五通塘

石家塘 按十五都有石家塘見前

陳家塘 按二十二都有陳家塘見前

周家塘 按十八都有周家塘見前

曹府塘

過路塘

楊樹塘

松樹塘

石橋塘

長塘

郭樸塘

王家塘

牛頭塘

上下新塘

盂塘俱在天台二十五都

泉塘

石橋塘俱在天台二十七都

黑泉塘

鐵椿塘

高家塘

和尙塘按臨海太平鄉重暉鄉俱有和尙塘見前又三十五都亦有和尙塘見後

廣濟塘俱在天台二十九都

沈奥塘在天台三十三都

和尙塘按和尙塘名同上而所在異地

靑絲塘

神舟塘俱在天台三十五都

山茄塘在天台三十六都

淨社塘在太平縣山門鄉知縣丁隆重築

長沙塘在太平長沙太平二塘乃築堤以捍海者非如天台之塘所以蓄水而灌田也○棻按此所謂塘卽海塘也俗語轉上聲爲蕩亦借作宕今黄巖太平均增築至五六塘云

高湖堰

洋奧堰

吳承有堰

下堰

吳超堰

長潭堰

黃肚堰

中沙堰俱在臨海縣大固鄉洪武二十四年辦事官孔艮

弼監築

芝溪堰

清潭堰

洛西堰

下村堰俱在臨海縣承恩鄉洪武二十八年人材鄧宏遠

開築

盧家堰

朱家堰俱在臨海太平鄉

石倉堰

注潭堰

湧泉堰俱在臨海保樂鄉

湧泉堰在臨海清化鄉按此二堰名同而所在異地清原作青誤

龜溪堰在臨海承恩鄉俱係鄧宏遠開築

方溪堰

左橋堰

童坑堰

伍溪堰俱在臨海太平鄉洪武三十年人材王整開築

茅竹湖堰茅或作茆

下嶼堰

溪川堰俱在臨海太平鄉

方溪埭在臨海太平鄉

黄嶼埭

宏治赤城新志卷六　五

陳官埭俱在臨海明化鄉

淨土埭在黄巖縣第一都

新塘埭在黄巖第二都

建山埭在黄巖第三都

蛟龍埭在黄巖六十三都

斗門埭在黄巖十七都舊名陶家埭

埭頭埭在黄巖二十二都

上仙埭在黄巖二十一都

方家埭

林家埭

浦埭

鄭戍埭

孝順埭俱在黄巖二十四都

楊公埭在黄巖二十五都

高浦埭在太平縣第四都大小二埭

浦敦埭

臨清埭

車路大埭

西堡埭俱在太平第四五都

婁子埭

五婆埭

蔣家埭

牸牛埭

月河埭

黄三浦埭俱在太平縣第五都

流沙埭在太平第七都

李家埭在太平十一都

壩䃮　壩凡四所○按壩音霸亦作壩原作壩誤今正　石䃮凡一百四十四所

廣濟壩在臨海保樂鄉

清潭壩在臨海承恩鄉

赤繆埧

潘奧埧俱在臨海靖安鄉

茆湖砩

竹家砩

羅家砩

黃湖砩

江家砩

葛家砩俱在臨海太平鄉永樂中本府通判陳巖修築

吳有砩

烏石潭砩

路西砩
道場砩
光明砩
丁巖砩
大川砩
馬磡砩
韓坑砩俱在臨海安樂鄉
定光砩在臨海義城鄉
黃山砩
巖店砩

於家碶

沙碶

橋下碶

十四籮碶俱在臨海靖安鄉

黎巖碶在臨海清化鄉

于山碶在臨海延壽鄉通判陳巖修築

東濟碶在黃巖縣西六十里

蜆溪碶

黃水碶

李婆碶

院後砩

張湖砩俱在黃巖縣西三十里

將軍廟前砩在黃巖縣西三十里

下嶼砩在黃巖縣西三十二里

陸家砩在黃巖縣西三十四里

楊溪砩在黃巖縣西四十五里

北岸砩在黃巖縣西四十五里

烏巖砩在黃巖縣西四十五里

唐家砩在黃巖縣西四十五里

錢家砩在黃巖縣西四十五里

上陳硃在黃巖縣西四十七里

黃涎硃

白巖硃

謝奧硃

溪東硃

巺佛洋硃俱在黃巖縣西五十五里

大巖硃在黃巖縣西五十八里

板硃在黃巖縣西六十里

沈家硃在黃巖縣西六十里

壇頭硃在黃巖柔極嶺之西

袁家砩

明公砩

資福砩俱在天台縣第一都

谷酬砩

湖頭砩

滑溪砩俱在天台第二都

奚庭砩

殿前砩

鄭家砩

溪口砩俱在天台第三都

長勝碶　按勝一作橋

後溪碶

新橋碶俱在天台第四都

錢椿碶　按椿一作椿

沙隴下碶俱在天台第五都

歡溪上下二碶

湖頭洋碶

陶家畈碶俱在天台第六都

水對碶　按對當作碓

秋田碶

金家碶

大碶

小溪碶俱在天台第七都

湧泉碶

新羅碶俱在天台第八都

拜頭杜碶

螺溪周家碶俱在天台第九都

官路下碶

歡奥口碶俱在天台第十都

篤木橋碶

楊家碑

天封溪下碑

黃泥碑

牛女碑

大慈碑俱在天台十一都

西坑碑

青溪碑

下茆碑

道源碑

科山碑

沙田碶

行者碶

桐柏碶俱在天台十二都

金山碶

柹碶按柹當作㭝音市

萬戶碶俱在天台十三都

六拜頭碶

鍾家溪碶

萬戶碶

溪口碶俱在天台十五都

青砩在天台十五都

白馬砩

楊樹砩

青巖砩按青一作赤

吳公砩俱在天台十六都

大盈砩

東坑砩俱在天台十八都

西演砩

九女砩俱在天台二十都

石欄砩

大廟前碶

鐵店碶

陳沙潭碶

下肚碶

桐樹上園碶

南坑碶俱在天台二十一都

車路碶在天台二十二都

岳碶在天台二十四都

下董碶在天台二十五都

東坑碶

吳家碶俱在天台二十六都

溪碶在天台二十七都

黃村碶

桐樹碶俱在天台二十八都

呇溪碶按呇渇合切山窟也

鄭博碶俱在天台二十九都

泉湖碶

前應碶俱在天台三十都

呇溪中碶在天台三十一都

呇溪口碶在天台三十二都

宏治赤城新志卷六

明巖硄在天台三十三都

湖竇硄

六泉硄

琅珂硄俱在天台三十四都

上童硄

湄溪硄俱在天台三十五都

嶺下硄

單家硄

白湖硄

樓前硄

薛家碶俱在天台三十六都

許溪碶

下塘碶

下坂碶

陳家奥碶俱在天台三十七都

溝圳

溝凡二十八所

圳凡二十一所○按圳俗音晙田畔水溝也

趙公溝

橫水溝

上台溝

方家溝

梅花橋溝俱在臨海縣大固鄉

史家溝在臨海承恩鄉

西岑溝在臨海明化鄉

洋平溝

白石溝

胡巉溝 按胡下文作湖

古橋溝

合[illegible]溝

馬奥溝

蒲奥溝

龍潭坑溝

府塘溝

浦後溝

橫夾溝

長山溝

坑口溝

橫連溝

桃渚溝俱在臨海保樂鄉按渚俗音豬

尹家溝

新河溝俱在臨海淸化鄉按淸原作靑誤

弘治赤城新志卷六

埠頭溝

西洋溝

湖㠠閘下溝俱在臨海保樂鄉按湖上文作胡

王奥溝在臨海明化鄉

洋梵圳在臨海清化鄉清原作青

下井潭圳

方溪口圳

上洋圳俱在臨海太平鄉

烏石圳

吳有圳

路西圳

梨木奥圳俱在臨海安樂鄉

肎步溪圳在臨海保樂鄉

鄭家圳

洪灘圳俱在臨海清化鄉清原作青

川頭圳

六畝洋圳

下嶼圳

溪川圳

下家圳俱在臨海重暉鄉永樂十一十六年本府農務官

通判陳巖修築

大砩頭圳

和尚圳俱在臨海于公鄉

石倉圳在臨海保樂鄉

范家圳

坑園圳俱在臨海靖安鄉

橫山圳在臨海長樂鄉俱係陳巖修築

圩岸凡一百五十二處

東溪圩岸

柘溪圩岸俱在臨海大固鄉洪武二十八年人材鄧宏遠

修築

新塘圩岸

南塘圩岸

上滬圩岸

柳塘圩岸

下滬嶼圩岸

東塘田圩岸

堋下田圩岸按堋當作𡐨

廣福圩岸

麻奥圩岸

馬公溪圩岸俱在臨海承恩鄉

杜公圩岸 按公一作家

葉家圩岸

浦洋圩岸俱在臨海于公鄉

杜家嶺圩岸

馬家圩岸俱在臨海太平鄉

廟後洋圩岸

石仙圩岸俱在臨海明化鄉鄧宏遠修築

淨土寺前圩岸 按土音杜

蔡家坑圩岸

周家洋圩岸

葛溪圩岸

吳家洋圩岸

筧坑圩岸

馬家溪圩岸俱在臨海太平鄉永樂十一年十六年本府

通判陳巖修築

胡䢺堰圩岸

大理溪圩岸

下溪圩岸

大碓圩岸

新殿前圩岸

婁家溪圩岸俱在臨海安樂鄉

陳家塘圩岸

白蓮塘圩岸

廣福塘圩岸

华頭塘圩岸

伍家溪圩岸

前岐圩岸

寶積塘圩岸

麻奥莊圩岸

白石奥圩岸

柯家塘圩岸

淨范塘圩岸

荆山塘圩岸

吳都圩岸

茗奥圩岸

史章圩岸

三分塘圩岸

赤墈圩岸

菖步圩岸

法雲圩岸

林家塘圩岸俱在臨海承恩鄉

雲溪圩岸

作溪頭圩岸

匾櫓山圩岸 按櫓同擔音旦

孔家塘圩岸

横溪圩岸

鹿家圩岸

卓家衕圩岸

六畝洋磗圩岸

川頭砩圩岸俱在臨海重暉鄉

下沙頭圩岸

假山頭圩岸

西圩岸

後奧洋圩岸

浦洋圩岸

箬奧圩岸

烏石圩岸

廟洋圩岸俱在臨海于公鄉

黃沙塘圩岸

李塘圩岸

圍田圩岸

百家閘圩岸

石倉圩岸

馬奥口圩岸

厲頭圩岸

張太公塘圩岸

長浦圩岸

白蓮塘圩岸 按承恩鄉有白蓮塘圩岸見前

梅奥圩岸

惠因莊圩岸

郭家塘圩岸

扦槽浦圩岸

胡巉浦圩岸

十聖殿圩岸

溪水灣圩岸

馬園圩岸

石登圩岸

白家圩岸

小奥圩岸

金鼇山圩岸

栅下圩岸

敏奥圩岸

花山圩岸

輕盈塘圩岸

壽安莊圩岸

官塘圩岸

蔡家圩岸

烏奥圩岸

蓮橋圩岸俱在臨海保樂鄉

水閣圩岸

黃北橋圩岸 按此下四圩岸原刻本脫圩字今補

橫溪圩岸

西溪圩岸

大磚圩岸 按安樂鄉有大磚圩岸見前

定光寺磚圩岸俱在臨海義仁鄉 按仁當作城古作成

崩溪圩岸

山頭徐圩岸

雙橋溪圩岸

三峯坑磚圩岸

獵場溪圩岸

湖溪圩岸

持奧圩岸俱在臨海大固鄉

東廣圩岸

定光寺圩岸

大慈田圩岸

三圖圩岸

前奧塘圩岸

羅村圩岸

巖嶼圩岸

水陡門圩岸

上染浦圩岸俱在臨海甯化鄉

上沙圩岸

雙坑口圩岸

朱奔圩岸

孔家溪圩岸

後田圩岸

下埠圩岸

西洋圩岸

沙垻圩岸

暗下溪圩岸

張細灣圩岸

下金溪圩岸

魏村圩岸

方前圩岸

翁家溪圩岸

楊家溪圩岸

潘奥溪圩岸

梅奥口圩岸

赤奥溪圩岸俱在臨海靖安鄉

嶺下圩岸

埠頭圩岸

西奧大溪圩岸

樸頭塘圩岸

麻關頭圩岸

十八畝洋圩岸

横山頭圩岸俱在臨海長樂鄉

沿峯寺前溪圩岸

上溪圩岸俱在臨海遂仁鄉

鄭家圳圩岸 圳音畯原本作剛誤

洪灘圳圩岸

黎石砩圩岸俱在臨海清化鄉俱係陳巖修築（清原作青）

東湖在府城東宋熙甯初錢守暄以累石修城水至輒漂溢因鑿爲受水之地而以其土爲城隄乾道中向守沟始築三閘通江水以時蓄洩於是湖之中有知樂堂流杯亭遂爲一郡遊觀之所歷歲既久蕪廢日甚並湖之民往往侵爲己業宏治丁巳陳守相始修復焉湖舊凡一萬六千步今如其數矣

赤城新志卷之六終

後學王棻校注　建陽周延祚刊　孫樹義校

赤城新志卷之七

學校

學校教化之地地陋且廢而欲教化之行不可也若乃視爲具文而人材風俗無關焉則亦名在實亡而已矣可哉此先王學校之設固非盡恃以爲足而考論治道之由則又終不敢以爲緩然則學校之興廢亦烏得而不志哉學必有廟以祀先聖則所謂鄉賢祠所謂書院者亦不得不錄錄以附之亦以見教化所在而不容不重之也

府學

學在府治東南一百步宋以前興廢不一見於舊志者詳矣元

至元十三年冬燬於兵達魯花赤總管石國華按官守志總管石國華達魯花赤李宥皆以至元十四年至疑赤下脫李宥二字始建大成殿廉格劉克昌朱霽按三人皆總管赤城後集載史孝祥修學記霽作齊元貞元年七月至後先繼之學乃稍完延祐間同知也里忽都魯按程郇記作苫思丁木忽必始置大成樂泰定初泰原誤作大總管趙鳳儀始建先賢祠元末復燬

國朝洪武初郡守范明敬即舊址重建之正統中壞於風雨周守旭鑑復重建之黃淮爲記文載赤城後集成化初阮守勤始易靈星門以石成化末葉守贇復更新之自殿廡以至齋庫罔不畢具未幾馬守岱至則悉撤去之取寺觀舊材而更作焉

大成殿三間　兩廡各十二間

戟門五間　靈星門三間

神庫三間　宰牲房三間

明倫堂五間　兩齋各三間

饌堂三間　號房二十間

倉廒三間　射圃三間

碑亭

## 臨海縣學

學在府治東南一百步元至元十三年燬於兵學官梁志道達魯花赤馬必吉男總管王居敬相與次第修葺至正末復燬國朝洪武初縣令王貴教諭胡繼善重建之正統中主簿卓宜

復以講堂迫隘募富民購堂後民居四十丈以擴之按陳循記正統十年知縣李文剏修與此異自是縣令若孫振景泰四年至若褚祚成化十年至事見楊守陳修學記若方進成化十七年至皆相繼葺治而馬守岱至復撤府學之材而更作焉

大成殿三間　兩廡各五間

戟門五間　靈星門三間

神庫　宰牲房

明倫堂三間　兩齋各三間

饌堂三間　號房

倉廒四間　射圃

碑亭　書樓十間

黃巖縣學

學在縣南二百步元至元丙子燬於兵時學官闕學之儒人徐紹先等修治之（黃超然記載赤城後集）旣乃屢爲颶風所壞國朝洪武初縣令李復李震亨相繼增葺至宣德中周令旭鑑始大更作（黃淮爲記）自是而後若祝令茂（成化二年至）鄺令文（成化五年至）雖時或修治然亦不過視爲具文而因以漁獵者亦多矣

大成殿三間　兩廡十間

戟門三間　靈星門三間

神庫　宰牲房

明倫堂五間　兩齋各五間

饌堂　號房二十間

倉廒三間　射圃

碑亭

天台縣學

學在縣治東南二百三十步元至元丙子燬於兵縣尹張德進劉慶相繼修復至正末再燬至國朝洪武初始重建之成化乙巳再燬於鬱攸葉守贄檄知縣王凱更作之盖視昔有加焉

大成殿三間　兩廡各五間

戟門五間　靈星門三間

神庫三間　宰牲房三間

明倫堂三間　兩齋各三間

饌堂一間　號房十四間

倉廒三間　射圃

碑亭

僊居縣學

學在縣治東五十步元末燬於兵

國朝洪武初知縣王從古重建成化癸卯知縣劉志方塞學背

水塘建號房而學之制益廣矣

大成殿三間　兩廡各五間

戟門五間　靈星門三間

神庫三間　宰牲房三間

明倫堂三間　兩齋各三間

饌堂三間　號房十二間

倉廒三間　射圃

碑亭

寧海縣學

學在縣治西南二百步元至元二十六年燬於兵判官張謙縣丞張天錫教諭應同孫相與重建按舒岳祥記無應同孫又張天錫作孫天錫

國朝永樂九年復燬於火縣令顧謹縣丞李誠潘珍相繼修治

而因之不廢矣

大成殿三間　兩廡十二間

戟門　靈星門三間

神庫四間　宰牲房二間

明倫堂五間　兩齋各三間

饌堂三間　號房二十間

倉廒二間　射圃在學門外

碑亭

太平縣學

學在縣治東南五百步成化七年知縣常完建袁道丁隆繼之縣丞范亮復繼之而學之制亦稍稍完具矣

大成殿五間　兩廡各七間

戟門三間　靈星門三間

明倫堂三間　兩齋

饌堂　號房十五間

倉廒三間　射圃

碑亭　宰牲房三間

鄉賢祠

府祠重屋在府學東南舊有三老六賢二堂以祀郡先正羅提

刑杜清獻諸公歲久蕩無遺址成化初訓導尹仁器白於阮守勤始買學旁地重建之提學副使劉釪爲之記文載赤城後集

黄巖祠舊在兩廡末以祀八行諸公成化中知縣鄭文始買泮西地爲祠三間然亦甚隘陋不稱而今之所祀亦雜然無別矣於乎亦豈獨黄巖然哉

天台祠在學旁祀潘時舉徐善述魯穆夏塡等一十有八人

僊居祠與古靈祠相附祀康肅公吳芾正肅公郭磊卿等七人

甯海祠與陳長官祠相附在大成殿西祀羅提刑適方知府克勤等五人

太平祠在大成門右翼知縣袁道始建於泮池東祀王方巖先

生諸公凡六人未幾圮於風雨移今址 按祀王方巖居安戴泉溪艮齋盛聖泉象翁郭台南楫王靜學叔英葉拙訥黼凡六人謝文肅鐸爲記文載赤城後集

書院

上蔡書院在郡城元妙觀之右初上蔡先生謝艮佐遭黨禁未解而卒子孫有流落於台者台守黃㽦訪而得之因祀先生於州學後乃建書院於東湖上以祀之元至元中燬於火徙建今地

國朝成化初僉事辛訪參政何宜屬知府阮勤重建之洗馬楊守陳爲之記 文載赤城後集

樊川書院在黃巖縣杜家村晦菴先生與南湖方山二杜公講

學之地旁有譬翠亭亦先生所建按嘉定赤城志靈巖在黃巖縣北十里慶元四年令常濬孫亭其上曰譬翠則非朱子所建也杜家村距此五里既云旁有譬翠亭則書院當在靈巖洞不在杜家村矣

桐江書院在僊居縣西四十五里宋方斲本唐方干之裔居合州號韋溪朱熹因行部爲書鼎山堂扁至元皇慶中其孫志道建書院以祀公今廢按方斲乾道八年特科進士事見鄭公鯉韋溪先生祠堂記文載赤城集

鑑溪書院在府城東北一百三十里元邑人柯爵建

回浦書院在黃巖縣東南五十里元元貞中建今廢

安洲書院在僊居縣東二十五里元至元中隱士翁森建今廢詳見陳孚安洲鄉學記文載赤城後集

文獻書院在黃巖縣南委羽山側元末浙江行樞密副使劉仁

本建以朱文公嘗施教於台杜清獻公實台人而得其再傳之學者因祀文公於此而以清獻配焉危太樸朱白雲皆有記今廢記文皆載赤城後集

柔川書院在黃巖縣西柔極山中壽雲黃先生之子中玉所建中祀二程子朱子侑以先生元潞國公張翥爲之記文載赤城後集

方巖書院在太平縣東方巖山北封翰林編修謝世衍與弟寶慶守省所建以教其鄉族子弟者旁有相觀恐聞二齋學士李東陽爲之記今祀寶慶於其中記文載赤城後集

赤城新志卷之七終

後學王棻校注　建陽周延祚刊　孫樹義校

赤城新志卷之八

公廨

重門擊柝上棟下宇古聖人之所不廢況夫官府之司典法所在而無所於居奚可哉此公廨之設所不可緩而城郭壇壝又郡邑所恃以立者在有司尤爲急務衞所雖非郡邑所統然地屬於我其官軍之所日食者皆於我乎取給而朝廷之所以設此者亦凡以爲我民而已則其所謂公廨者又烏可以爲緩而不并志之哉然所謂不可緩者固不可失之儉陋尤不可過於侈麗失之儉陋雖無以起觀瞻然所以致民心之攝服而畏敬者則不在此也過於侈麗則勞民傷財而爲衆

怨之所聚矣況得已不已而必於改作者乎

## 府

府治在城西北大固山下元至元十三年燬於兵置安撫司十四年改爲總管府案至大二年達魯花赤也都居帖木兒重建石抹繼祖記至正元年總管禿堅阿重修周潤祖記並見赤城後集至正末復燬

國朝洪武初范守明敬始創之宣德成化中程守賢阮守勤劉守忠相繼修葺至葉守贇又創爲龍亭庫理刑廳退省軒罔不畢具未幾馬守岱至則悉撤去之而斬新更作矣詳見包廷嘉記

正廳七間

後堂七間

戒石亭一座

儀門三間門之外左右有端本澄源二坊

經歷司

照磨所俱在府堂東

六房東西各十五間

司獄司在府門外

城周迴九里三十步中有五門三面岸江以遏潮水之衝翳實州人所恃以爲命者宋以前凡八修築見於舊志者詳矣今不復贅

風雷山川壇在郡城東二里洪武二年建

社稷壇在郡城西一里

郡厲壇在郡城東北

架閣庫在府儀門東西各二間

廣積庫在府治南一百五十步今移在府治裏其基售於潘參

政祺

永盈倉在府治東北一里洪武初知府張繼先造凡三十八間

永樂中推官朱旭復造一十二座凡若干間台州衛官軍所

需皆屬焉

布政分司在府治東二百步正統中李守性以

奏准事例建成化間劉守忠復擴舊基而更作之

按察分司在府治西歲久圮壞成化間劉守忠重建

申明亭三間在府治東

旌善亭三間在府治東

養濟院在郡城東北

稅課司在府治南一里

織染局在府治東北二里

陰陽學

醫學

僧綱司在天竺寺

道紀司在元妙觀

赤城驛在府治東南二百三十步

批驗所在府城東南二里

臨海縣

縣治在府治東南二百三步至元十三年燬於兵縣令王銳重建至正末再燬

國朝洪武初縣令王貴復重建之今仍其舊

城郭壇壝分司俱以附郭不設

廣儲一倉在縣東南一百里海門衛

廣儲二倉在縣東一百里海門前千戶所

廣儲三倉在縣東北一百三十里桃渚千戶所

廣儲四倉在縣東北一百五十里健跳所

預備中倉附本府永盈倉

預備東倉在縣東四十里長樂鄉

預備南倉在縣南一十五里義成鄉

預備北倉在縣東北二十五里重輝鄉

申明亭

旌善亭

陰陽學

醫學

僧會司

道會司

河泊所在縣治東南二百步

連盤巡檢司在縣東一百三里

蛟湖巡檢司在縣東一百二里

杜瀆場在縣東南五十里

三峯鋪　西山鋪　生呂鋪　西溪鋪

桐巖鋪　東門峧鋪　欄界橋鋪　拗嶺鋪拗音昊

水家洋鋪　松山鋪　三江鋪　小嶺鋪

常峯鋪　白水洋鋪　留賢鋪　赤繆鋪繆音妙

百步鋪　八壘鋪　中渡鋪　盧奥鋪

柵浦鋪　海門衛前鋪　上广鋪广音儼　赤山鋪

遮盤鋪　塗下鋪　蚶奧鋪　官塘鋪

黄山鋪　城門東頭鋪　趙家奧鋪　竿山鋪

芙蓉鋪　蛟湖鋪　芝奧鋪

右凡三十五鋪每鋪鋪司二名鋪兵共一百六十五名

黄巖

縣治在郡城南六十里宋末燬於兵元至元中縣令孫諤重建

元貞初陞爲州仍舊治至正末復燬

國朝洪武初知州唐宏復重建之尋復爲縣宣德中周令旭鑑

乃更作焉

城周圍三里上元中築案上元唐高宗卽位第二十六年也

國朝初吳元年復修築之洪武十四年毁以其石築海門城

山川壇在縣南隅

社稷壇在縣西隅

邑厲壇在縣北隅成化中縣令鄭達售於鮑知州恩移置社稷

壇後

際留倉在縣西八十步共一十間

預備倉二所在縣南一里正統初周令旭鑑建

布政分司在縣治南一里正統五年縣令周旭鑑建後燬令鄭

達重建案鄭達成化十六年至

按察分司在縣治西五十步洪武初分巡僉事譚隆建後燬令

羅政重建案羅政宏治元年至

申明亭在縣治東

旌善亭在縣治西

養濟院在妙智寺東成化十九年縣令鄭達重建

陰陽學在

醫學在

僧會司在慶善寺

道會司在大有宮

丹崖驛在縣東北一里

河泊所在縣南五十里

長浦巡檢司在縣東四十里

黃巖場在縣東南六十里案其地在今太平縣東北數十里

縣前總鋪　路口鋪卽十里鋪　桐嶼鋪　石曲鋪

長浦鋪　洪家場鋪　馮洋鋪　黃土嶺鋪

白石鋪　店頭鋪　柏奧鋪　巖前鋪

右凡一十二鋪每鋪鋪司二名鋪兵共六十四名

天台

縣治在郡城北九十里元至元丙子燬於寇縣尹張德進重建

至正末再燬

國朝洪武初縣令鄧林復重建之今仍其舊

山川壇在縣東南三百二十步

社稷壇在縣北二百二十步

邑厲壇在縣太平鄉後郭

預備倉四所

東倉在縣東太平鄉八都丁村今遷至本縣儀門外集聖堂前

南倉在縣西南祥鸞鄉二十四都東村今改西倉

西倉在縣西廊後

北倉在縣西北十三四都後宅

布政分司在縣治東五十步正統七年知縣吳昌建

按察分司在縣治東一十步洪武二年令鄧林主簿朱允祚郎

宋教場故址建

申明亭在縣西

旌善亭在縣西

養濟院

陰陽學在太平鄉

醫學在永坊惠民藥局

僧會司在赤城寺

道會司在赤城道院

公館在縣治東一里

縣前總鋪　黃山鋪　苦竹鋪　船亭鋪
新豐鋪　小田鋪　關嶺鋪
右凡七鋪鋪司八名鋪兵三十名

僊居

縣治在郡城西九十里元至元丁丑燬於兵縣尹王徵重建至正丙申復燬
國朝洪武初縣令王從古復重建之今仍其舊
山川壇在縣東南二里
社稷壇在縣西二里
邑厲壇在縣北三里

東倉在

南倉在

西倉在

布政分司在縣西南二百步正統三年建

按察分司在縣東五十步洪武三年建

申明亭在縣前

旌善亭在縣前

養濟院在

陰陽學

醫學

僧會司在興道禪院

道會司在純熙觀

田市巡檢司在縣西三十里洪武三十三年案卽建文二年革除後改稱洪武

巡檢張眞建田市明史地理志作田寺

公館在顯慶寺

縣前總鋪　慶雲鋪　黃橋鋪　界嶺鋪

欅溪鋪　開平鋪　金像鋪　皤灘鋪

清風鋪　遂甯鋪　柏溪鋪　戴村鋪

蒼嶺鋪

右凡一十三鋪每鋪鋪司一名鋪兵共五十二名

甯海

縣治在郡城東北一百八十里唐武德中徙置海游永昌初自海游徙置廣度里今仍其舊

風雷山川壇在縣治南一里

社稷壇在縣治西二里

邑厲壇在縣治北一里

存留倉在縣治儀門東

預備倉在存留倉側

預備東倉在白嶠

預備南倉在海游

預備西倉在桐洲桐原作洞誤
預備北倉在梅林
布政分司在縣治西北二百步
按察分司在縣治東五十步
申明亭在縣儀門東
旌善亭在縣儀門東
養濟院在縣西一百步
白嶠驛在縣西一百步
桑洲驛在縣西六十里
朱家奥驛在縣西南一百二十里今俗呼爲桐巖驛

鹽課司在長亭

陰陽學

醫學

僧會司在妙相寺

道會司在崇聖觀

越溪巡檢司在縣東二十五里

鐵場巡檢司在縣北六十里

長亭巡檢司在縣東一百里

寶奥巡檢司在縣東南八十里

曼奥巡檢司在縣西六十里

河泊所在縣西一百里

稅課局在縣東一百步

縣前總鋪　小溪鋪　古岫鋪　梁皇鋪

西塘鋪　桐洲鋪　桑洲鋪　麻奥鋪

裏坑鋪　朱奥鋪　雙樓鋪　小桐巖鋪

東畈鋪　桐山鋪　梅林鋪　桐嶺鋪

缸窰鋪案缸窰當作江瑤蓋地產江瑤柱也　海口鋪　柵墟鋪俗呼坼開嶺

白嶠鋪　亭頭鋪　梅奥鋪　南奥鋪

柘浦鋪　瀝洋鋪　長亭鋪　下奇奥鋪

西溪鋪　莊頭鋪　官塘鋪　西奥鋪

盧家塘鋪　葫蘆鋪　西陡門鋪　小蒲鋪

赤焦鋪　箭坑鋪　千門鋪　健跳鋪

速日鋪　萬年鋪

右凡四十一鋪每鋪鋪司二名鋪兵共二百六名

太平

縣治在郡城東南一百四十里成化五年知府阮勤

奏分黃巖南鄉凡二十一都案自三十都至五十都立爲縣縣廨皆知縣

常完建案章綸記見赤城後集成化十年知縣袁道以邑小力不足復

奏割温州樂清之東南鄉凡六都屬焉

風雲山川壇在縣治南五百步案雲當作雷

社稷壇在縣治南五百步五百步别本作一里

邑厲壇在縣治北一里

際留倉在縣治東

預備倉在際留倉左

廣盈一倉在松門衛城西南

廣盈二倉在楚門所城西北

廣盈三倉在隘頑所城西偏

廣盈四倉在新河所城西北

布政分司在縣治東南三百步知縣常完建

按察分司在縣治西南三百步知縣常完建

宏治赤城新志卷八

申明亭在縣治前

旌善亭在縣治前

養濟院在縣治後西宏治十一年建

陰陽學在縣治後南向宏治十一年建

醫學在縣治後南向宏治十一年建

僧會司

道會司

盤馬巡檢司在縣治南 案明史地理志在縣東

沙角巡檢司在縣治南岐頭山下今治 案明志本治岐頭山下後遷

三山巡檢司在縣西瑞應鄉舊名温嶺巡檢司

蒲岐巡檢司在縣西堂山寨俗呼亭頭巡檢司

小鹿巡檢司在縣西玉環鄉案明志西南有小鹿巡檢司遷治楚門所之横山後

公館舊在社堂橋北知縣常完建成化二十年縣丞范亮改創

布政分司之東而比舊加廣焉

縣前鋪　常山鋪　鐵場鋪　新河所前鋪

塘下鋪　箬横橋鋪　横路洋鋪　松門衛前鋪

温嶺鋪　亭峯鋪　石井鋪　高浦鋪

油亭鋪　蘆殊鋪　張家非鋪　隘山鋪

武溪鋪　金田鋪　清港鋪　九眼陡門鋪

小球鋪　清嶼鋪清一作青

右凡二十二鋪鋪司二十三名鋪兵九十名

衛所

台州衛指揮使司在府治西三十步元爲萬戸府

國初燬於兵洪武五年改爲衛

指揮使二員指揮同知七員指揮僉事十六員

經歷司在衛治東

經歷一員知事一員

鎮撫司在衛治西

鎮撫二員

旗纛廟在衛治西

軍器局在衛治東北二里

教場在朝天門外

左右中前後五千戸所在衛治西南二十五步

左所正千戸一員副千戸一員右所正千戸四員副千戸三員中所正千戸五員前所正千戸三員副千戸三員後所正千戸二員副千戸三員

水軍千戸所在衛治東南四十步

正千戸三員副千戸二員

海門衛指揮使司在郡城東九十里城高二丈五尺周圍五里三十步洪武二十年建

指揮使四員指揮同知三員指揮僉事八員

經歷司在衛治東

經歷一員知事一員

鎮撫司在衛治西

案當有鎮撫二員四字此缺載

倉廒在衛治西一里

軍器局在衛治南一里

教場在衛東門外

左右中三千戶所俱在衛治東

左所副千戶四員右所正千戶二員副千戶二員中所副

千戶四員

後千戶所在衛治南

正千戶二員副千戶二員

前千戶所在衛城東七里城高二丈三尺周圍三里六十九步洪武二十八年建

正千戶二員副千戶三員

新河千戶所在衛城南五十里城高二丈三尺周圍五里六十八步洪武二十八年建

正千戶五員副千戶二員

桃渚千戶所在衛城東北五十里城高二丈五尺周圍三里

五十步正統八年建

正千戶三員副千戶四員

健跳千戶所在衛城東北一百一十里城高二丈三尺周圍

三里二十步洪武二十年建

正千戶一員副千戶二員

松門衛指揮使司在府城東一百八十里宋爲松門寨洪武二

十年建爲衛城高二丈四尺周圍九里三十步

指揮使四員指揮同知三員指揮僉事七員

經歷司在衛治東

經歷一員知事一員

鎮撫司在衛治西

案當有鎮撫二員四字此缺載

教場在衛北門外

旗纛廟在衛治東

軍器局一十五間

倉廒二十二座

左右中前後五千户所在衛治内

左所副千户六員右所正千户二員副千户一員中所正千户一員副千户四員前所副千户二員後所副千户三員

隘頑千戶所在衛城南六十里城高二丈四尺周圍七里一十步洪武二十年建

正千戶二員副千戶五員

楚門千戶所在衛城南一百二十里城高二丈五尺周圍三里三十步洪武二十建

正千戶二員副千戶六員

右三衛二十二所皆地屬於吾台者蓋東南之有海洋猶西北之有沙漠沙漠之有戎狄猶海洋之有島夷也吾台地濱東海實與倭鄰故邊海皆設衛所以備倭而禦暴也方今承平日久

皇威四馳海外之國皆恪修職貢罔敢侵越故爲之官者惟知

怙勢作威以尅減軍糧爲能爲之軍者惟知商販工役以辦納官錢爲務膏粱世襲曾不知汗馬爲何事衣食奔走曾不識弓矢爲何物是衞所官軍之設不徒視爲芻狗饞年而反以恣其狼貪虎噬孟子曰古之爲關也將以禦暴今之爲關也將以爲暴豈不信然矣哉於乎亦豈獨衞所之官然哉

赤城新志卷之八終

後學王棻校注　建陽周延祚刊　孫樹義校

宏治赤城新志卷八

# 赤城新志卷之九

## 人物

三代以降人材莫盛於宋吾台之人材尤莫盛於南宋南宋至理度之世季世也而耆儒碩輔之道德勳業以及節義文章之士猶班班焉嘉定以上見於舊志者不復著寶慶以來則具列於左噫以吾台一郡而觀則天下之所謂人材者豈不從可識哉

理宗寶慶二年王會龍榜 會龍臨海人字君遇省元狀元終太府卿

張桂 天台人字仲芳推官○

謝樞 臨海人推官○康熙府志字用之

胡艮臨海人終知興化軍○康熙志字達之

鄭發甯海人工部尚書○案字華父霖之弟

魏有聲臨海人○字興輔教授○案此五字鈔本有刻本無加圈以别之後放此

王夢應

羅叔度黄巖人○字宏甫

郭存中仙居人磊卿之姪○康熙志終江西安撫司幹官

陳貫之臨海人○字唯叔

黄憲臨海人○字成甫

陳雷黄巖人○字正叔○案當作震叔

賈蒙天台人○字正叔

吳子艮○臨海人字明輔○案號荆溪有傳見後

董夢龍

李山甫　黄巖人○字景山

李從　黄巖人○字擇善

楊俊甫　甯海人

趙時觀以下五人皆宗室○居仙居字仲謙○案嘉定志宗室榜别載此并入後同

趙必升　○居仙居字允道

趙煉○居仙居字叔虎衢州推官○黄瑞案仙居志作趙若煉字叔亮終衢州推官

趙希發

趙希山○案康熙志云天台志有趙瑚夫

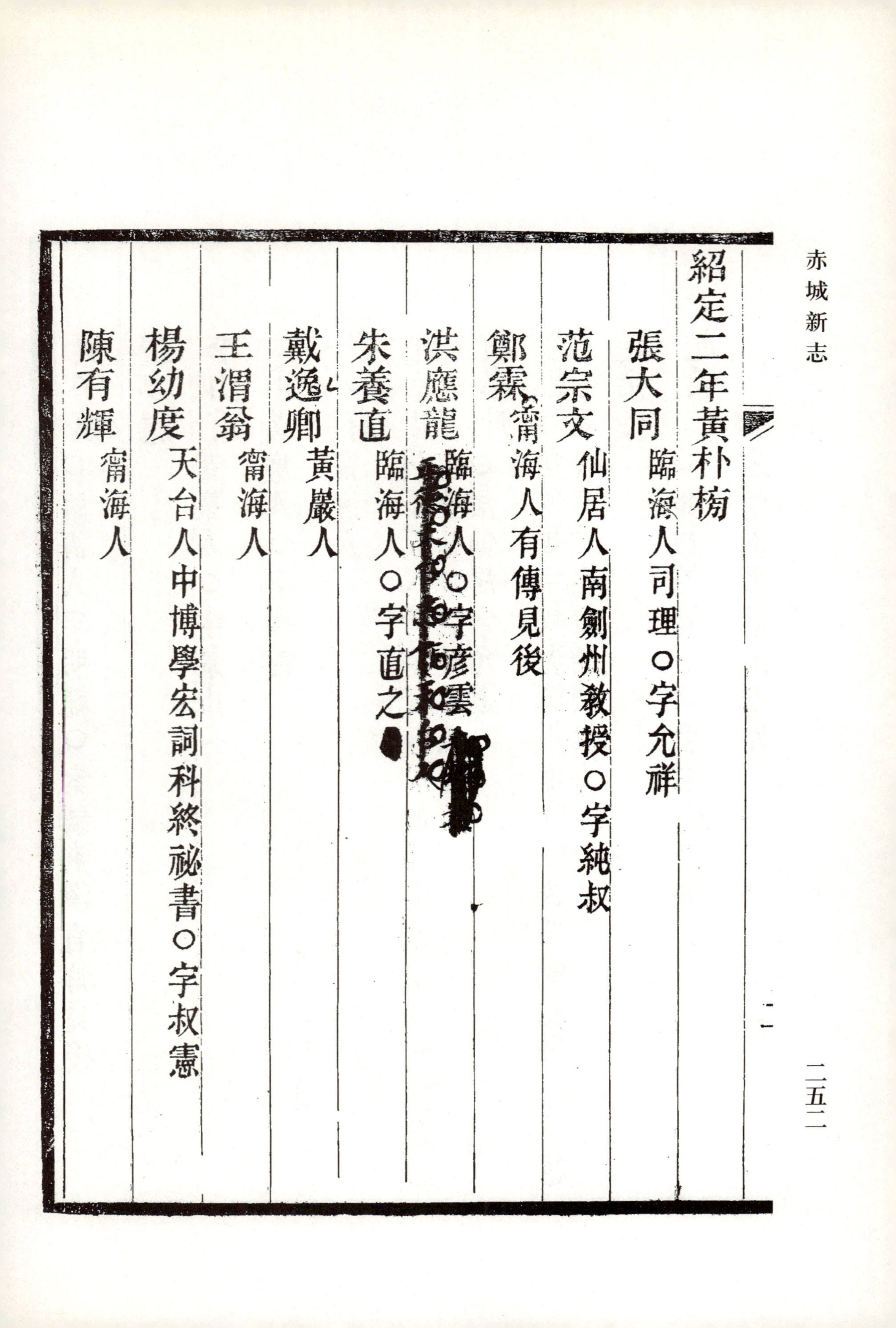

紹定二年黃朴榜

張大同 臨海人司理○字允祥

范宗文 仙居人南劍州教授○字純叔

鄭霖 甯海人有傳見後

洪應龍 臨海人○字彥雲

朱養直 臨海人○字直之

戴逸卿 黃巖人

王渭翁 甯海人

楊幼度 天台人中博學宏詞科終祕書○字叔憲

陳有輝 甯海人

國炳奎　甯海人○字晦叔

方畧　甯海人

項璵○黃巖人舟瑾案字君實會稽掾見方行撰方益壙志

周企　仙居人○康熙志字叔望銅陵縣尉

蔡朴　仙居人知永州○康熙志字質夫

紹定五年徐元杰榜

麻允寶　甯海人

劉桂○甯海人

朱湳　仙居人知鄞縣○康熙志字彥南

翟俊

厲大本 甯海人

胡一之 甯海人福建提舉○康熙志作弌之天台人

蕭大振

陳巽 武科仙居人兵馬鈐轄○案武科當別載不宜混入

[illegible]是年武科有姜武子天台人見正德天台志

趙希庴 以下二人宗室

趙師都

端平二年吳叔告榜 康熙志云天台志有周邦基

蔣應炎 天台人奉議郎

諸葛泰 黃巖人

鄭雄飛 ○仙居人有傳見後

三

褚國秀甯海人

張夢錫天台人

鄭傑甯海人

鄭南英臨海人○周璟案正德天台志作天台人

吳麟

吳諒仙居人○康熙志字直翁梅卿子終蕊谿尉

林月卿甯海人

王秀弼黄巖人

趙希僴志○案此係宗室居甯海字詔我提轄左藏見康熙

嘉熙二年周坦榜

宏治赤城新志卷九

吳夢弼 臨海人知衢州

楊燕 甯海人國子監丞

胡太初 臨海人太府卿○案兩浙金石志紹興府進士題名碑三胡太初余潛子嘉熙三年中詞學科第一胡太初人則太初似非台人矣然南宋館閣續錄胡太初字太初天台人習書益本越人而遷台者也

賈似道 天台人咸淳中入相亾宋

李桂老 案黃巖人

林輝 案黃巖人

戴良齊 ○黃巖人祕書少監○有傳見後

高應雷 臨海人杭州通判

張圯 甯海人浙西憲幹

應俊臨海人知處州

趙希聖案宗室居黄巖師𨛬子與𥜥父也

淳祐元年徐儼夫榜

陳德載甯海人

張汝諧臨海人○康熙志字俞仲

韓富父臨海人

鮑雷仙居人○康熙志字仲發六合尉

蔣朋程

諸葛雷奮黄巖人

於星子天台人休甯簿

宏治赤城新志卷九

王璵　臨海人山陰縣尉嘗忤榮邸理宗以鐵漢稱之

楊珏　寧海人與下咸淳四年楊珏别一人

李起潛　寧海人

周彧　仙居人○康熙志字文叔柳州教授

淳祐四年留夢炎榜

林申　臨海人

孫桂發　寧海人○康熙志侍講

應叔采　寧海人

何田　臨海人知江陰軍○康熙志字哲翁

吳堅　仙居人德祐相降於元○康熙志字彦愷煥子

林霨時 黄巖人

湻祐七年張淵微榜

黄友龍 黄巖人○康熙志盱眙尹

國之才 甯海人

董樸 臨海人○楷之兄字華翁歷樞密院承旨數直言終戶部侍郎著有四書尚書詳說見康熙志

應偶 天台人太府丞

潘應桂 黄巖人○康熙志紹興府司理

葛炳午 甯海人

王淵 甯海人

戴登賈 黄巖人

毛鼎新 黃巖人

陳元龍 臨海人○康熙志字善叔仕終都大幹官

呂震卿 仙居人○康熙志字子貞涇陽縣尉

蕭元龍 甯海人

舒斗祥 甯海人○岳祥之弟字景韓見康熙志

金炳 ○康熙志臨海人字克煥

蕭元英 臨海人知南安軍○康熙志字蜚卿

章澤祖 臨海人

趙汝岏 天台人衢州司法○案以下二人宗室

趙時櫜 天台人終工部侍郎咸淳中廉吏三人之一○舟瑑案正德天台志是科又有蔣應福

淳祐十年方逢辰榜

蔡太初 黄巖人國子書庫官

葉桂

陳紹求 仙居人揚州通判○康熙志字仲辰

陳緯 甯海人右司郎官

鄭震 甯海人祕書郎

趙熄夫 甯海人○宣議郎

吳蘊 天台人

金萬里 臨海人處州通判

方畿 甯海人

杜箎黃巖人

王惟明

王端

趙海煙天台人知饒州永平監號竹村○案宋史地理志江南東路饒州縣六監一永平鑄銅錢

寶祐元年姚勉榜

黃彪臨海人○康熙志字叔彩祕書郎

胡哲義案黃巖人

陳鎮黃巖人鞏之子

舒夢炎

車堯黃巖人

陳湇伯黄巖人

何炳炎甯海人○知縣

金九萬臨海人祕書郎○字敏叔

孫雷轟臨海人

蔣應雷仙居人知吳江縣○字省己

張果臨海人徽州運判○字毅夫汝諧子

潘夢説甯海人

趙與釿○康熙志居仙居案此下三人宗室

趙希協

趙崇櫟天台人常州司戶

宏治赤城新志卷九

寶祐四年文天祥榜

鄭茂大臨海人常州教授○一甲十二名案此五字係鈔本後加康熙志字貴卓

鄭必復臨海人浦江丞○茂大弟一作必陵三甲二十四名○字復初

鄭珤甯海人○登科錄不載○案此蓋孫特科康熙志字君玉

鄔崇節黃巖人○仁風鄉人字靜翁父艮驥迪功郎兄炎太學進士三甲三十名

車景壽黃巖人信州教授○宋本登科錄作景福字知仁四甲十一名

陳紹大仙居人知眞州號四可居士○四甲六十七名字仲實

陳紹裘黃巖人○字初學參政驥曾孫四甲九十八名案鈔本作臨海人以其曾祖臨海籍也

吳思睿○臨海人字淵道祖宗尹朝散大夫父夢弼承議郎兄思問進士四甲百十二名

舒嶽祥○甯海人字東野父純新甯鄉人四甲一百十七名○有傳見後

方壽朋　臨海人通州教授○字南翁四甲一百八十一名

馬嶸　黃巖人○字伯起父淵迪功郎四甲一百九十五名○康熙志教授

王剛中　甯海人○父堅叔迪功郎四甲二百三十二名

潘天與　仙居人知潭州○字景仁五甲五名

董楷　○臨海大固鄉人字正翁父亨復朝奉大夫兄樸從仕郎五甲四十六名○有傳見後

陳紹商　仙居人監和劑○字元禮臨海人駮曾孫父絳本生父錫錫居仙居五甲六十六名康熙志字會之

趙宗普　天台人廣德丞○登科錄不載○蓋亦特科　舟瑤案正德天台志是科又有許德著登科錄亦不載

陳紹南　黃巖人○字景修寄居溫州五甲八十五名

林雷　○本貫台州字德惠五甲百十七名○康熙志國子學錄

胡三省　○甯海人字景參五甲百二十一名○有傳見後

毛鑄○黃巖人字聖傳五甲百六十三名

鄭彥智○登科錄作居智字知道黃巖方巖鄉人曾祖伯手祖滂父應之五甲百六十七名

陳紹賓 黃巖人○登科錄不載○亦特科下同

陳一鋒 黃巖人○鋒一作銘登科錄不載○王舟瑤案登科錄一甲二十一名有趙與种四甲百五十名有黃去駉此及康熙志皆失載棻案趙與种字景鬲曾祖伯庥承信郎祖師憲父希淵臨海縣上舍學諭黃去駉字安若本貫臨安寓臨海身爲戶見台州外書師誤作常[illegible]

楊茂春 武科仙居人機宜文字○武科宜別載

開慶元年周震炎榜

林爚 黃巖人

徐潤祖 甯海人

孫雷榮臨海人

彭雷轟黃巖人

闞文季臨海人宣教郎○康熙志字景穆

鄭應普甯海人

潘材

趙若洼○以下宗室

趙若伉○居仙居字伯仁泉州市舶幹官見康熙志下同

趙時乂○居仙居建康府推官

趙若磏天台人

景定三年方山京榜

宏治赤城新志卷九

謝夢祥 臨海人○康熙志字行之

范湣之 甯海人

徐應祥 臨海人

鄭憲 仙居人國子博士

何善孫 甯海人○字君孫博士

諸葛起潛 黃巖人

金起炎 臨海人太府丞○字克剛

張得濟 臨海人吉州都倉○字應和

施有政 臨海人號古樵淮西檢察官

謝光應 天台人○信州教授

鄭圭 黄巖人

戴覺民 黄巖人浙西提舉

洪登 天台人知東陽縣

項震 仙居人

盧應常 黄巖人

管應子 黄巖人

應辰 臨海人福州司戶○康熙志字拱之

孫鈞 甯海人

管善孫○太平志云泉溪人則當爲黄巖人矣

胡元叔 甯海人

趙與諄○康熙志居仙居

趙炊○居仙居

度宗咸淳元年阮登炳榜

陳容臨海人國子學錄○康熙志字聖功元龍子

鄭及之甯海人

陳眉黄巖人

阮應桂黄巖人

徐士魯黄巖人

陳應期黄巖人

葉培甯海人

蔣夢升 臨海人浙東提刑檢發○字望之

張夢高 臨海人嘉興司理○字德秀

吳彥恂 黃巖人

麻昭伯○甯海人

張朴○仙居人字從文祕書監丞

金鎔○仙居人

吳賁 仙居人○字文成松溪縣尉

王應子 甯海人

楊仲庸 黃巖人

陳天瑞○臨海人字德修號古堂金華令有傳見後

吴遂初　黄巖人○龍泉知縣

陳大有　甯海人○字謙夫

韓渲　黄巖人

茹珍　黄巖人

林梅發　黄巖人

陳紹謙　甯海人

李成大　臨海人○字就甫縣尉

陳庚金　黄巖人

吕躍龍　黄巖人

鄔炎　黄巖人

楊椅翁甯海人○字安叔黃岡令

鄭應之甯海人

張應奎甯海人

吳炎甯海人○康熙志炎作焱

趙守通黃巖人

胡太浩臨海人○康熙志太作大

於太黃巖人

周三德黃巖人

葛元善甯海人

王渭應甯海人

車若春黄巖人

毛蟾翁臨海人

王所黄巖人

呂順臨海人

洪彪天台人

王伯松甯海人

咸湻四年陳文龍榜

葉正己甯海人

林克己黄巖人國子丞

王玨○仙居人有傳見後

屠文彪黃巖人

孫銘甯海人○康熙志平江學正

金渭仙居人○字景望瑞州教諭

馮唐英甯海人

葛寅炎甯海人

蔣彥聖○仙居人字愚仲紹興監倉

王塤○仙居人字仲和永康主簿

牟及黃巖人

鄭桂開甯海人○羅山主簿

陳龜齡黃巖人機宜文字○字與智容子○案陳容字益之黃巖柔橋人非字聖功之陳容也

楊玨○臨海人有傳見後與上淯祐元年楊玨別一人

陳浩然甯海人

魏國傑甯海人

管鑰黃巖人

舒景雲甯海人○嶽祥從弟節度推官

李應雷甯海人

陳善道

葉亭孫天台人

趙時臯○仙居人

咸淯七年張鎮孫榜康熙志云天台志有丁衡江西提刑丁衛國子校書丹琢峯正德天台志又有朱桂先陳近文

杜文甫○臨海人有傳見後

王夢龍甯海人

金遵正臨海人○康熙志字誠卿起炎子

謝在鑑臨海人○無爲軍教授

陳應相甯海人

程應奎黄巖人○字文瑞

周用霖臨海人

林熙載

董睿黄巖人○康熙志睿作璿字衡之

王夢發○甯海人

盛應庚臨海人○字文甫

陶枋臨海人○字彥方

陳繼發黃巖人○沅州通判

朱夢炎臨海人○字壽翁

趙時䀎臨海人

趙良龍臨海人

陳處義○臨海人字方齊袁州知錄

○趙與票居黃巖字晦叔希聖子仕元官至翰林學士追封天水郡侯謚文簡元史有傳原缺今補

咸淳十年王澤龍榜案澤龍當作龍澤康熙志云天台志有趙士烜胡元卿

沈桂甯海人

謝天祐甯海人

翁從龍仙居人○康熙志字文炳教授

應天變甯海人

梁志道臨海人○字心甫司理○案志道嘗爲臨海教諭見官守門

杜雷發臨海人○字漢彌

王應高甯海人鎮江教授有山南集

王桂開甯海人

鄔濟民甯海人

陳天疇臨海人○字德用天瑞弟祕書郎

應璜甯海人○璜一作珩

陳震龍

陳叔仁　臨海人○字仲山

趙嗣瀅○居仙居

趙士瓌○居仙居（手書批注：嘉靖正德天台志作居天台）

趙䨓晨

李湑孫○甯海人字山甫號霽峯

應森孫　甯海人

王寅

董模　特科

右皆次第於科目者間取其豪傑之士與凡韋布之賢生長

其間者別著如左而獨加詳焉若乃位之崇卑地之隱顯則固有所不暇論也

吳子良字明輔號荆溪臨海人寶慶二年進士官至湖南運使太府少卿初從陳筼窗游最後登葉水心之門二公皆盛有所稱許水心答其書有曰往歲陳壽老言其表弟文墨穎異超越流輩思見未獲也忽承枉示篇什意特新語特工韻趣特高遠雖昔之妙齡秀質其終遂以名世者不過若是何止超越流輩而已哉車玉峯挽詩亦曰江左（原作右）文章今四葉水心氣脈近三台所著有荆溪集若干卷行於世

戴良齊字彥肅黃巖人嘉熙二年進士累官祕書少監號泉溪以

古文嗚而尤精性理之學所著有中說辨妄通鑑前紀曾子遺書論語外書孔子年譜世譜七十子説林公輔答徐始豐書有曰當今經書雖皆完具而禮經獨爲殘缺加以漢儒之記有不純也郡先哲戴大監嘗力爲之辯草廬吳文正公師之得其説於今未大行也觀此則其學之源委可見矣

舒嶽祥字舜侯一字景薛甯海人寶祐四年進士官終承直郎年二十六時以文見吳荆溪荆溪稱其異禀靈識如漢賈誼終軍唐李觀李賀本朝王令邢居實輩後果以文學名奉化戴表元在元大德間爲東南大家其學得於嶽祥者爲多所著有史述漢砭補史家錄蓀墅稿避地稿篆畦稿蝶軒稿梧竹

里稿三史纂言談叢叢續叢殘叢傳叢肆昔遊錄深衣圖說凡二百二十卷學者稱爲閬風先生

葉夢鼎字鎭之甯海人嘉熙元年上舍兩優釋褐淳祐中爲祕書郎嘗因雷變進康澄五可畏之說見五代史唐明宗本紀贊前當言六可畏此作五誤也後奏疏累數十萬言語皆切直寶祐初以集英殿修撰知贛州丁大全柄國欲挽登朝卒辭謝之咸淳間特拜右丞相不屑與賈似道同政力求去不允遂引杜衍單車宵遯例以行尋御卽其家起爲少傅右丞相兼樞密使趣行至嵊[illegible]復引疾力辭且上疏願上厲精寡欲規當國者收人心固邦本扁舟徑歸使者以禍福告答曰廉恥事大生死事少當作小萬無可

回之理益王即位召爲少師即日航海以行道梗不能進南向慟哭而還後二年卒於家

鄭霖字景説甯海人紹定二年進士累官知平江府慷慨有志節與賈似道不協爲其所害後追贈中奉大夫所著有中庸講義雪巖集

鄭雄飛字景溫仙居人端平二年進士累官祕書少監終戶部侍郎號慥堂以淸節著今祀鄉賢祠

王象祖字德父臨海人學邃行高閉門不入城府守令願見不可得常惻然有憂當世之意眞文忠公極重之嘗寄書與眞謂救時當法孔子不止法孟子有故人作相案李宗勉嘗知台州與象祖善

德父已寢疾猶藁數千言規正之及公不及私時論以蘇明允寵德公魯仲達比之則其文行可見矣世稱大田先生

車若水字清臣號玉峯山民黄巖人初事陳篔窗耆卿學古文其祖臨軒先生不悦也乃從清獻杜公游始大有得遂潛心性理之學嘗欲取大學知止有定一節合聽訟章爲格物致知傳金華王魯齋聞之以爲洞照千古之錯簡使朱子聞之亦當爲之莞爾一笑又嘗著道統録宇宙略紀與先稿諸書皆行於世

黄超然字立道號壽雲黄巖人與車玉峯往來金華王魯齋之門得理學之傳而尤精於易既卒賜謚康敏其謚議曰故壽

雲先生黄超然以文肅華胄案黄榦諡文肅詩禮名家學貫六經尤邃於易安居恬靜不以貧窶動其心性識高明不以功名易其志以博達之才道德之化漸於鄉里也遠淵源之學仁義之教被於後人也深故既没而名益彰所著周易通義等書皆能羽翼程朱開明後進是宜於設教之所錫以書院之號禮所謂鄉先生没而可祭於社者公實有焉定議易名國有令典謹按諡法壽考且甯曰康好古不怠曰斂請諡康斂

邱漸字子木黄巖人講明道學爲後進所宗與清獻杜公爲布衣交杜公柄國漸始終贊畫焉鄉人尊之曰木居先生所著有四書衍義

林表民字逢吉臨海人其父詠道有隱德號四朝布衣好古博雅儲書甚富表民承家學與陳篔窗吳荆溪諸公游嘗同篔窗修赤城志又自爲續志三志

戴亨字子元臨海人師事木居先生有太極圖說人心道心說近思録補注朱子詩解北溪字義辨正其教人以無自欺爲第一義嘗銘於座右曰莫見乎隱莫顯乎微欲人不知莫若弗爲

胡常字立方號思齋恬靜好修天子錫恩台士使盡赴春官台守徐宗臣曰若思齋不可浼之其相重如此案宗臣景定五年知台州此蓋咸淳元年詔也故阮登炳榜吾台進士四十三人而黄巖得十八進士焉時賈似道爲相以此市恩台人耳嘗彙

編晦翁語錄十卷歎曰窮年矻矻庶于此歸宿乎所著戛釜吟三卷有曰十載苦心常自覺一毫私意便非仁亦可見其進修之大略矣

王賁字蘊文號石潭天台人介特有守鄉俗化之不敢爲非王實翁（名華甫）創上蔡書院金華王魯齋爲堂長賁具古冠服來謁及魯齋歸乃敦請代領其事既卒無以殮門人爭經理其喪至於葬道有兩歧一大而遠一狹而近門人請於其婦婦曰先夫平日不曾由徑不可違其志聞者歎息曰有是婦哉君之德益彰矣

戴式之字復古（案名復古字式之）號石屏黃巖人其父東皋子（名敏字敏才）

以詩名式之承家學又嘗登陸放翁之門放翁與眞西山稱其詩不下孟浩然所著有石屏集行於世

錫明復字復翁臨海人操履純正博通經籍著述有周易會粹尙書暢旨詩學發微冠昏喪祭圖號浦城先生

陳宗儒字宏道號樵同臨海人獻肅公之從子平生尙節槩伯父檢院公與以田亦力辭不受吳丞相堅延爲上客每說之曰道不行志不遂尙復何待吳不省遂拂袖南歸竟與之絕所著有經傳雜志（案獻肅公名良翰紹興五年進士下距淯祐四年吳堅中進士凡百一十年疑從子乃從孫之誤也）

董楷字正翁臨海人寶祐四年進士初爲績溪簿直冤獄賑饑饉

未幾擢洪州守有惠政終吏部郎中所著有集程朱易克齋集

杜滸字貴卿黄巖人清獻公之從子德祐初集民兵四千人見文丞相於西湖上時文奉旨詣北軍講解諸客皆散滸獨慨然相從至京口以計賂守者脱文公偕走淮甸由海道達永嘉益王即位授司農卿空坑之敗被執以憂憤卒

王珏仙居人咸淳四年進士德祐初以太學博士權知台州與陳仁玉築城浚濠倡民義堅壁以守城既陷赴泮橋水死之寇兵至欲取首級以獻功其姪賓虞服珏冠帶甘自殘以全珏遺體 案珏字叔寶賓下原脱虞字今補

杜文甫臨海人咸淳七年進士歷瑞安軍節推德祐初除國子博士入元翰林學士趙與票薦於朝侍御史程文海奉旨宣召皆以疾辭終不起自號南峯山民

蔡夢說字起巖黄巖人嘗從車敬齋游究心濂洛之傳開門授徒黄超然高志尹方儀皆其高第弟子也所著書多散亾獨箋詩八卷藏於家

陳天瑞臨海人咸淳元年進士師事金華王柏精性理之學志潔行廉爲金華令有能名宋末隱遁林壑詩文極高古效淵明書甲子文集五十卷

楊珏臨海人咸淳四年進士號筒齋爲機督官入元不仕

邵囦字叔魯臨海人歷本州教授元兵臨城火侵學宮端坐而死案囦事復見官守志又康熙志以囦爲咸湻元年進士

張會龍仙居人雷州通判元初累辟不起

胡三省字身之甯海人寶祐四年進士終朝奉郎所著有資治通鑑音注二百九十四卷今行於世

赤城新志卷之九終

後學王棻校注建陽周延祚刊孫樹義校

# 赤城新志卷之十

## 人物二

世降至元聖人繼周之歎所不能知也而況其他哉然而人才亦往往有出於其閒如吾台諸君子者孟子所謂用夏變夷豪傑之士也亦烏得而不録哉録之以識世變亦以幸吾邦之未嘗乏人也且其時科目廢置不常而人材雜出他歧者爲多故特以其大者隨世次略志之而其餘不暇及焉

陳孚字剛中臨海人自幼清峻穎悟讀書過目輒成誦至元中以布衣上大一統賦署上蔡書院山長陞翰林國史院編修官擢禮部郎中副尚書梁曾奉使安南詰責其世子陳日燇

不庭之罪往復三書宣布天子威德辭正氣直名重當時尋歷建德衢州兩路治中召爲翰林待制改本路治中卒贈翰林直學士嘉議大夫進封臨海郡公謚文惠有天游觀光玉堂交州桐江柯山等集行于世號勿庵見羽庭文集

周仁榮字本心臨海人父敬孫宋太學生師事金華王柏受性理之旨嘗著易象占尙書補遺春秋類例仁榮承其家學治易禮春秋而工爲文章泰定初由處州美化山長召拜國子博士翰林修撰終集賢待制弟仔肩延祐五年進士惠州判官

孟夢恂字長文黃巖人師事楊珏陳天瑞講解經旨體認精切以薦者署本郡學錄至正中以設策禦寇功授宜興州判官

未受命而卒賜謚康靖所著有性理本旨四書辨疑漢唐會要七政疑解及筆海雜錄

呂徽之號六松仙居人博學能詩文宋亡深晦不仕居萬山中以耕漁自給一日大雪出易穀于富家聞其分韻作雪詩有得滕字者苦吟不就不覺失笑主人怪焉延之入援筆立成有鶖鶬聲亂功收蔡蛺蝶飛來妙過滕之句眾皆歎服問其姓名不答留之不可得惠之穀怒曰我豈受不義之財者必易之即刺船而去其剛介自晦每如此案輟耕錄名起猷此事亦見錄中

陳德永字叔夏黃巖人自幼岐嶷既冠從林紘齋紘一作絃未詳其名盛聖泉翁名象二先生學二先生之學實出魯齋王公名柏王公則

源流於朱子者也淸碧杜公本名稱其文章似歐陽子而尤長於理所著有兩峯慚草

周潤祖字彥德臨海人嘗學於周仁榮與蓮兼善爲友隱居教授四十年至正中被召既沒而恩命始下鄉人相與即其所居尊稱之曰紫巖先生所著有紫巖稿十餘卷

牟楷字仲裴黃巖人刻志正心誠意之學早喪父以侍母疾不仕教授生徒至數百人爲文章凡以性命爲先詞華爲後有九書辨疑河圖洛書說春秋建正辨深衣刊誤定武成錯簡管仲子糾辨致中和議桐葉封弟辨四書疑義篇門人名其書爲理窟尊之曰靜正先生

陳紹大字成甫黃巖人世以儒學名家元初鄉人競習聲律紹大獨以性理之學自任爲文章必傳經義治尚書作四書辨疑生徒二百餘人並稱之曰西山夫子

翁森字秀卿仙居人隱居教授取文公白鹿洞學規以爲訓從游者前後至八百餘人有一瓢稿行于世

蔡積中臨海人西山先生之裔孫也少孤貧養祖父母以孝聞通易詩書會科舉廢遂教授于家弟子恆數百人案西山蔡元定二子淵沆沆次子抗宋理宗時參知政事其同祖之人未必遷台此云西山裔孫恐譜師附會之說也

黃宏字子約黃巖人博覽羣經尤長于詞賦有以史才薦者不就落魄江湖幾三十年文章流播四方有穀城稿

應文虎字彥文黄巖人家貧好學通易詩書三經尤長于詩虞伯生楊仲宏見其梅魂詩極加歎賞稱爲應梅魂黄晉卿陳衆仲嘗薦之不起

盛象翁字景則黄巖人歷平陽汀州路教授以昌國州判官致仕嘗游車玉峯黄壽雲二先生之門學者尊之曰聖泉先生今祀鄉賢祠

柯九思字敬仲仙居人官至奎章閣博士號丹邱生與虞伯生趙子昂爲友工于詩尤善以書法作竹木爲世所貴

姚嶅字仲誠黄巖人幼學于山亭黄先生未詳其名至正中會試劇口論天下事有司以爲不識忌諱黜之慨然南歸歎曰爲之

在我成之在人吾如之何哉後爲江東書院山長

翁德修字本敬黄巖人以五經教授于家游其門者甚衆其教恆以實行爲先文藝爲後講經至切要處未嘗不諄諄爲諸生言之故其門人如趙由欽郭公葵輩皆以文行著名有忍齋稿藏于家

泰不華字兼善本白野山人父爲台州録事因生長于台初名達普化後賜今名以狀元及第英宗至治元年辛酉累官禮部尚書左遷台州路達魯花赤方谷珍寇海上朝廷命招之谷珍詐遣其黨陳仲達請降兼善覺其有異手劍斬之即前搏賊船奪賊刀殺其二人賊攢槊刺之既死猶立不仆谷珍投其尸于

海詔封魏國公謚忠介立崇節廟以祀之

潘伯修字省中黃巖人嘗三舉于鄉至春官輒不偶遂決志隱居教授以著書爲事旁通天文地理律歷之學爲詩文皆寓微意曰文章不關世教雖工無益也方谷珍寇海上浙江參政朵兒只班總兵至將盡屠邊海之民伯修挺身率父老詣軍前力爭之曰倡亂者獨谷珍耳吾民無罪也乃得免後竟爲谷珍所害黃雲泉有言潘先生莫邪大劍也其光爍然足以動星斗其鋒鍔然足以破堅珉而不保其缺折之患雖然不害其爲千金之寶也可謂深得其爲人者矣案黃雲泉語或作林公輔

林古泉黃巖人博極經史爲文詞下筆輒數千言如不經思慮

伯生揭曼碩皆與之交以遺逸舉授溧陽教授未幾蘄黄寇起古泉攝州事州陷遇害垂死駡不絶口賊怒磔其屍州南大樹上案古泉名夢正見輟耕録

潘從善字擇可太平人至正中以進士至正十一年文允中榜累官承直郎同知制誥兼國史編修終福建儒學提舉所著有松溪集

邱應辰字詠性黄巖人與葉本初應景裕爲友隱居不仕所著有憂憂集正異復井田諸論案本初名嗣孫景裕名履亨

赤城新志卷之十終

後學王棻校注建陽

周延祚刊孫樹義校

# 赤城新志卷之十一

## 人物三

國朝攘夷狄復中夏滅元以接于宋是天地之一大旋轉也昔人謂山既火而草木盛理固有然者矣人材之在天下者吾不敢知若吾台之大儒君子則曠前絶後殆莫有過之者語曰一夔足矣況不止此者哉科目當世所貴不得不次第列於其後而特於其最者加詳焉

方克勤字去矜號愚庵甯海人五歲知讀書自辨章句十歲暗誦五經比長徧窮濂洛關閩諸書及考鄉先達授受源委凡性命道德之祕必研索以究其極洪武初徵爲濟甯守時久

旱築城令嚴民長號卽工聲聞數里克勤以　聞且徧禱羣祠誓不雨不還既而　詔罷工大雨如注民歡歌于道有使君之力使君之雨之句其爲政必先風化務以德勝終日衣冠坐堂上召諸吏授以詩書法律府庭之閒不陳杻械晚年進修益力晝之所爲夜則白之于天榮辱利害坦然視之不以爲意所著有汪漫稿若干卷詳見宋太史景濂所爲墓版文

葉伯巨字居升甯海人洪武初由國子生分教平遥縣適星變下詔求言伯巨曰今天下有三事最切其二事易見而爲患小其一事難知而爲患大卽爲書以進曰分封太侈也用刑

太煩也求治太速也累萬餘言語皆切直　上大怒詔繫刑曹卒於獄死猶不仆事見遜志齋集　案死猶不仆四字似衍

張純誠字尹誠甯海人洪武初由和州同知擢江南提刑行部至婺源見黃山之民病於茶稅欲奏罷之其使凌某執不可純誠曰國家新立正當捐山澤之利以與民使天下知吾輕財而愛民也奈何浚民自殖以阻天下向化之心哉辨難數四凌不能奪卒奏免之未幾陞監察御史與修律令定官制持議勁正中外肅然一日乞歸省　上因令招集鄉郡之舊爲方氏兵者純誠悄然曰臣事陛下十年無絲毫惠利及鄉里今歸省而首招集鄉里子弟以爲兵父老其謂臣何　上

動容稱歎而止山東初定欲擇一管鹽筴者而難其人　上曰前張某奏免黄山茶税者不可邪遂以爲長蘆運使未至官而卒

葉兑字良仲甯海人博通經史尤精天文卜筮之學元季海内大亂仰觀天象歎曰元運可知濟者其江左乎乃閒道謁
太祖皇帝于戎馬閒獻武事一綱三目書言取天下大計　上奇其言屏左右命坐語賜飲食欲留用之兑力辭曰苟策可采用其策使天下蒼生早獲息肩足矣榮其身非所願也
上重違其意賜銀幣襲衣遣歸後數歲削平羣雄先後次第悉如其言

陶凱字中立臨海人洪武初召預修元史書成職教大本堂旋擢應奉翰林文字未幾遷禮部尚書兼領翰林院事凡稽古禮文之事多所論定其爲文下筆輒千百言措詞陳義各當其體沛然爲一代之用

徐一夔字大章天台人自少學文即期以載道非六經所存不復輕置念慮含蓄既久燁然以文名江南洪武召入史館與修大明日歷未幾除杭州府教授所著有始豐稿十五卷

朱右字伯賢臨海人光庭先生九世孫嘗游李五峯陳兩峯之門洪武初預修元史大明日歷　皇明寶訓授翰林編修終晉府右長史所著有白雲稿春秋類編三史鉤元秦漢文衡

深衣考誤歷代統紀要覽元史補遺凡若干卷

葉見泰字夷仲臨海人王師取台州見泰衣褐造軍門謁其帥帥趣見語三日夜不休署部從事遂下永嘉取福建收兩廣皆預有力焉未幾使安南卒能諭君長來貢以功授高唐州判官遷睢寧令終刑部主事所著有蘭莊集弟惠仲亦能文號二葉

詹鼎字國器甯海人性豪邁奇偉方谷珍聞其名强致之時我師臨慶元谷珍遁於海　上怒將誅之鼎爲草表謝詞甚恭而辯　上見之曰孰謂方氏無人乎乃赦不問更以谷珍爲左丞鼎亦召至京師爲書萬餘言須　車駕出上之　上爲

立馬受讀付丞相授以官後以刑部郎中謫陝西而卒

郭樌字德茂黄巖人洪武初爲饒陽尹勸農桑興學校均田賦平力役表節義毁淫祠既三年邑以大治以從兄故坐免還者察于途橐無長物惟所著書與詩文稿一篋爪髮一束以聞於上上嘉其清賜紗幞銀帶寶鈔以旌之所著有易説襍評暢軒稿數十卷門人私謚曰貞成先生今從祀鄉賢祠

方孝孺字希直號遜志幼時從其父濟甯公北游歷齊魯之故墟覽周公孔子之廟宅求七十子之遺跡潛心静慮驗其所得慨然以爲縱顔閔未可幾及若樊遲冉求輩使與之同時豈皆讓之但世無孔子不得所依歸爾葢其道德文章出乎

天性弱冠日讀書積寸五經百家皆已醞藉下筆翩翩盡聖賢膏腴從宋太史公游公所收皆天下名士一見深驚異之以爲莫之與京洪武中被召爲漢中教授歲壬午以翰林侍講卒於官所著有遜志齋稿三十八卷（案壬午建文四年也謝文肅與黄文毅同編遜志齋集三十卷拾遺十卷今云三十八卷豈其後又有所删削耶）太史公稱濟甯之學謂自晦庵文公紹伊洛之正緒傳道而受業者幾徧大江之南而台爲極盛流風遺韻迄今猶未泯若濟甯守方公其殆聞而知之者蓋其學實本之家庭益擴而大雖功業不究而道德文學識者以爲當代一人云

郭濬字士淵甯海人洪武初　詔郡縣貢秀士各一人甯海以

濬名上既而有　詔許臣民言政事御史郎上書論當世急務甚切　召對忤　旨令學太學太學所養士數千百人見其文咸吐舌驚歎謂不可及濬亦氣高自負飲酒大醉縱筆疾書求者操紙立予無不意滿由是名起一時同學者見其名高乃以弗及爲恨譖諸師誣奏抵罪以死

王修德甯海人與郭士淵習以文名初太史宋公見方遜志之文歎曰眞奇才也遂留左右不忍其舍去繼見修德士淵之文喟然曰吾道台矣林公輔嘗因宋公之言而評之以爲方之文如春風方至津液之色充滿廣宇飛潛動植各有生意郭之文如蒼鶻摩空飛縱東西初無定適而俊逸之氣自爲

人所畏王之文如月墮澄江上下一色淨絶垢氛而清明之氣可掬也案修德名琦著有操縵稿久佚

王敏字進德甯海人修德之兄其從兄蘊德亦以文章起家爲燕府紀善敏氣剛不與人款狎讀書至忘寢食家貧甚或飲食不時則飲水餒饘怡然若飫粱肉人非其類雖强飲食之不能也然褥稍溫輙棄去獨臥木榻上曰吾身當適四方其甘苦未可知以太學生分教忻州暇日與邊將習騎射邊將奇其材而苦其清介於常所燕會處密置美姬伺其醉鑰之而去既覺身自破壁取廐馬乘之以還諸將驚謝 懿文皇太子一日謂太史宋公曰世道日漓人其無古昔乎宋公

以敏對　太子動容稱歎曰何異曾男子也嘗督運舟川峽悍急同行者多舍舟登陸敏曰王事君命也死生天命也祗君命以俟天命何以陸爲且舟失累人已獨安乎後他舟覆溺甚衆陸行者皆獲譴敏獨不坐遷監察御史　案蘊德名璞

許繼字士修甯海人號觀樂生力學正行以古賢哲自勉尤善於古詩其高妙處偪漢魏有觀樂生集傳於世洪武中以薦授本縣訓導年三十七而卒遜志方公銘其墓有曰予取友二十年所交海內知名之士甚衆考其所存莫有如吾士修者則其爲人可知矣

許伯旅字廷慎黃巖人洪武初爲刑科給事中以詩名時稱爲

許少杜林公輔嘗觀其感興諸詩問其得何法而然廷慎曰法可言也法之意不可言也上士用法得法之意中士守法得法之似吾詩幾用法矣識者以爲不妄

鄭士元字好仁甯海人洪武初歷懷慶同知累遷湖廣按察僉事性剛直有才氣於學無不該貫嘗獻　太祖皇帝十策一願親近師儒以究天下之治二願容納諫諍以盡天下之智三願常戒飭諸將以救天下之人四願善輔導太子以固天下之本五願責任臺省以致天下之賢六願修明學校以正天下之教七願限民名田以均天下之賦八願裁抑奢僭以阜天下之財九願禁妖淫聲樂以新天下之聽十願復中華

衣冠以新天下之視皆援古酌今委曲切當累數千百言

鄭士利字好義士元之弟洪武初朝廷以空印事逮捕行省至守令數百人皆欲置之死士利爲布衣憫其無罪爲書數千言詣丞相府上之　上大怒詔丞相雜治問所爲謀者士利笑曰顧吾書可用與否且吾業爲天子活數百人自分受禍人誰爲我謀乎詞卒不屈乃得輸作江浦永樂中累官翰林編修

林公輔名右以字行更字左民臨海人洪武初某府教授爲文章善馳騁且喜談古今豪傑事以自況許廷愼嘗贈之詩曰握手步雲闕示我高世文渾雄脫凡近要妙幾道眞公輔笑曰吾

豈文士耶廷慎曰子非文士豈有經濟才如古豪傑者乎公輔曰吾非豪傑亦不願爲文士也

王叔英字原采黄巖人洪武中歷仙居訓導遷漢陽尹　太祖皇帝晏駕之明年召爲翰林修撰上資治八策曰務學問曰謹好惡曰辨邪正曰納諫諍曰審才否曰慎刑賞曰明利害曰定法制皆援古證今鑿鑿可行歲壬午以修撰募兵廣德知事不可爲乃沐浴具衣冠書絶命詞一聯案絶命詞一首計十韻又書案一聯有曰生既久矣愧無補於當時死亦徒然庶無慚於後世此書案一聯也計二十字原文頗混遂自經而死有靜學齋集行於世今從祀鄉賢祠

洪武三年庚戌科是歲始詔開科今止據鄉試總各縣列書之而註進士于其下

童尹 並同 臨海人進士淄川縣丞○案辛亥吴伯宗榜進士下

危孝先 臨海人進士○浙江通志麟游縣丞○孝義危貞昉傳陵川丞陵川在山西麟遊在陝西未知孰是

余集 臨海人進士○通志新鄭縣丞

水邱道 臨海人

王諫 黄巖人進士太平知府

趙實中 黄巖人進士縣丞○確山縣丞

戴信 黄巖人按察僉事

徐德 黄巖人知縣

解貞伯 黄巖人揚州通判

宏治赤城新志卷十一

許弼 黃巖人沔陽州判

胡汝雨 天台人進士知縣○通志元城縣丞

洪煃 天台人進士縣丞○富平縣丞

聞伯皐 天台人進士縣丞○皐通志作昇霑化縣丞

楊善 天台人平樂知府○舟璧案正德天台志言善由徵辟授應天治中終平樂知府非由鄉舉

吳昱 天台人朔州衛知事

胡宗輔 天台人知縣

潘梅友 天台人國子助教

朱文中 天台人甯國知縣○案通志不載

洪武十七年甲子科○案洪武六年罷科舉至是始復開科

李德遂臨海人福安縣丞○舟瑤案字惟清惠安丞見惠安志此作福安恐誤

水卯曦臨海人縣丞

張瑩臨海人進士○通志乙丑丁顯榜進士給事中

王蒙黄巖人進士歷御史都督府斷事

范璉黄巖人進士御史

王浚用仙居人監丞○通志浚作峻乙丑進士侍郎王舟瑤案浙士登科考有張岵甯海人乙丑進士

洪武二十年丁卯科

金公允臨海人戊辰任亨泰榜進士刑部主事

孔敏黄巖人戊辰進士

韓悌臨海人教授○通志襄陽教授

孔隆 黄巖人德安教諭

陳孟濤 黄巖人晉府教授

童尙義 黄巖人教授

童謨 黄巖人歷安州學正兵部郎中山東左布政使調廣西卒于官

楊克儉 天台人戊辰進士歷御史興化同知

夏迪 天台人歷溧水縣丞終都察院左副都御史

盧原質 臨海人戊辰進士及第歷翰林編修太常少卿○ 探花及第

洪武二十三年庚午科

李原安 臨海人教諭○通志上饒教諭

賀銀 臨海人歷桃源教諭宛平知縣永樂初以守城功陞工部侍郎改通使卒贈尙書○通使當作通政使

杜廣臨海人

鮑琪黄巖人廣信通判○通志樂淸人在己卯科案琪原弘子以樂淸籍中式

鄔望黄巖人教諭○通志在建文元年己卯科

應諤黄巖人乞恩代父谷成爲稅局大使歷休甯教諭以子欽貴封御史卒年九十九○通志在己卯科

○章成淵臨海人○葉書案鄭允廉據通志補章乃童字之譌仙居人○以上二人

洪武二十六年癸酉科

戚存心臨海人甲戌張信榜進士歷行人參政終禮部侍郎

蔣德臨海人教諭○通志福州教授

周恩臨海人甲戌進士○通志在庚午科知縣

鮑貴仙居人知縣○通志沅陵知縣

石允常甯海人甲戌進士河南僉事

龔祐甯海人工部員外郎

盧洸甯海人學士○通志學正

劉恩讓甯海人○通志恩作思上杭教諭

洪武二十九年丙子科

盧信臨海人山東左參議

梁炯臨海人紀善○通志楚府紀善

鄭華臨海人進士行人○丁丑陳郊榜進士授行人貶東平州吏目靖難兵至城破不食死

蔣簡臨海人庚辰胡靖榜進士給事中○兵科給事中

趙奕進臨海人太僕寺卿

舒斌 臨海人

陳宗厚 臨海人

朱思平 天台人進士翰林侍書

朱望 天台人國子助教

應文寶 甯海人國子學錄

金珂 甯海人

己卯科 今屬洪武三十二年○案建文元年也通志鄔望應諤在此科黃巖志有牟綸通志綸作倫永康人柳州知府

陳祥 臨海人教諭○沙河教諭

盧璧 臨海人教諭○沂水教諭

徐新 黃巖人庚辰進士歷御史調南康知縣○舟瑤案黃淮撰墓碣言丙子同中應天鄉試是當列上科

吳集義 仙居人知縣○廣元知縣

永樂元年癸未科 通志有裘參天台人辛卯蕭時中榜進士同知此誤列九年當正

曹鼎 臨海人刑部員外郎○甲申進士

曹珉安 臨海人教諭○棲霞教諭

戴宏演 仙居人甲申曾棨榜進士○外省中式

徐杕 黃巖人訓導

潘叔正 仙居人同知○案歷濟甯梧州同知

童朴 甯海人甲申進士翰林庶吉士○[illegible]案童[illegible]作章

永樂三年乙酉科 康熙志云黃巖志有曹閶甯海志有蔣瑋

梁用嵩 臨海人丙戌林環榜進士禮部郎中○通志參政

李文定臨海人已丑蕭時中榜進士福建左布政使○案己丑成祖北巡延至辛卯殿試故通志稱辛卯榜

陶暢臨海人訓導○通志暢作瑒仙居訓導

盧浩然黄巖人教諭

曾穆天台人丙戌進士累官都察院左僉都御史一統志稱其剛正清慎敭歷中外三十餘年被服一如寒士所著有葩經或問禮記日鈔

林伯宗甯海人丙戌進士兵科給事中

曹常甯海人丙戌進士監察御史

永樂六年戊子科

陳璲臨海人鄉試會試俱第一已丑進士歷官翰林檢討與修五經四書性理大全終江西提學僉事今祀鄉賢祠所著有逸庵集○詳見劉定之墓誌銘載赤城後集

于廷頤臨海人壬辰進士山東按察副使調長蘆鹽運同知○馬鐸榜

王錄天台人

陳常臨海人教諭○鄱陽教諭

鄭準仙居人○通志在乙酉科

項蘭臨海人教諭○青宛教諭

王廷玥仙居人

孫淵臨海人教諭○懷柔教諭

永樂九年辛卯科

王原序臨海人訓導○惠安訓導

陳摶臨海人御史

謝敩臨海人教諭○外省中式

裴參天台人己丑進士泉州同知○案己丑在辛卯前二年安得先中進士後中舉人乎當依通志在元年

褚子南天台人教諭

張景愢仙居人訓導○甯德訓導

陳子實仙居人訓導○南安訓導

○羅信臨海人楊伯瞻台州人徽州通判外省中式○二御史人依通志補又有葉穎薛鼎見後

永樂十二年甲午科

張郃臨海人乙未陳循榜進士兵部主事

曹昇臨海人教諭

潘讓臨海人

朱艮 臨海人

卓有謙 臨海人乙未進士○應天中式

王薡 黄巖人訓導

李暘 黄巖人教諭

王用盛 黄巖人教諭

林純 黄巖人訓導以子鶚貴贈刑部右侍郎

李茂宏 黄巖人乙未進士歷官吏部員外郎年未六十力乞致仕居室蕭然一統志稱其志尚淡泊不慕榮進可謂得其爲人矣

陳祥 天台人工科給事中

丁廷頡 天台人

葉穎天台人乙未進士工科給事中○通志在辛卯科 舟璪、峯正德萬厤天台志俱列辛卯科

褚思敬天台人戊戌李騏榜進士都事○通志在丁酉科 舟璪、峯正德萬厤天台志俱列丁酉科

趙綬仙居人

陳賁茂甯海人乙未進士禮部員外郎

鄭宏範黄巖人乙未進士御史

趙普定甯海人○以下二人通志康熙志俱載庚子科

吳京甯海人

○葛乾經甯海人青苑訓導據通志補又林立復見下科故不補入

永樂十五年丁酉科

盧琉臨海人丁未馬愉榜進士御史

王一甯 仙居人戊戌進士仕至太子少師兼翰林學士知制誥○案明史宰輔表景泰二年十二月以禮部侍郎兼學士入直文淵閣三年四月晉太子少師七月卒明無知制誥之官謝氏以直閣當之誤又仙居志一甯在十二年甲午科

王僎 臨海人庚戌林震榜進士給事中○刑科

僎音湛

趙貴齡 黃巖人○中式第三

張端 臨海人教授○襄陽府學

劉芬 甯海人學正○高郵州學

包原明 臨海人教授○通志撫州教授

詹遜 臨海人教諭○滕縣

包原尚 臨海人訓導○莆田

汪性初臨海人教諭

朱孟益臨海人

姚禧臨海人教授○泉州府學

陳員進臨海人知縣○黄梅縣

林立導臨海人訓導○通志已載甲午科複見此科臨淮訓

徐宗坡黄巖人教諭

林芊黄巖人知府○北京行部中式

陳器黄巖人訓導

陳會黄巖人教諭

趙永言黄巖人教授

陳瞮 天台人教諭○案瞮以冉切甘也通志作掞以贍切又音剡見瓊臺集正德天台志作昳字尚明[illegible]

戴宗賢 天台人教諭

徐欽平 天台人教諭

陳恕 仙居人

袁定 仙居人訓導○永昌縣學

永樂十八年庚子科

葉昌 甯海人○通志不載

童孟韜 臨海人辛丑進士歷官鹽運同知嘗奏免朱子子孫差役今朱氏家世祀之

吳仕由 黃巖人學正○沅州

包敦 臨海人教諭○同安

葉恩 臨海人會試第一甲辰邢寬榜進士池州知府所著有恥齋集

王宗厚 臨海人刑部員外郎

金輝生 黃巖人訓導

薛鼎 甯海人甲辰進士○通志在辛卯科御史

童以思 黃巖人教授○康熙志霍山教諭

童抗 黃巖人教諭以思弟○通志有童巖無童抗康熙志永春教諭登科錄作童巖則巖改名抗也

徐湯 黃巖人辛丑曾鶴齡榜進士監察御史新從子○通志在甲午科

齊普 天台人教諭○康熙志長樂知縣

胡居安 天台人教諭○福清

徐邦貴 天台人訓導○康熙志商河教諭

趙以端 仙居人教諭○本縣

方端玉 仙居人

永樂二十一年癸卯科

彭善道 臨海人工部郎中

侯潤 臨海人癸丑曹鼐榜進士通政參議謫知州

吕瑜 臨海人教諭○通志廣信教授

陳員韜 臨海人庚戌林震榜進士累福建右布政使初知西江新城永新二縣有去思碑詳見張編修元禎所爲傳○文載赤城後集下同

朱尹辰 臨海人教授○康熙志保定教授

王廷臯 臨海人訓導

范宗 臨海人庚戌進士知府○通志在宣德己酉科順天中式

阮奎 黃巖人訓導○長葛

陳廷省 黃巖人教諭○南昌

鮑相 黃巖人國子監丞翰林博士終福建鹽運同知

蔡智 黃巖人教諭所著有畫峯集藏于家事見刑部尚書甯德林聰狀内○合浦教諭林聰狀赤城後集不載

張粹 黃巖人累官國子學錄所著有擷古稿黃巖英氣

周堇 黃巖人

盧思顏 黃巖人訓導○通志思作師

杜甯 天台人丁未馬愉榜進士及第歷翰林編修侍講南京兵部左侍郎調福建左參政有樂全集藏于家○榜眼及第

戚讓天台人教諭○康熙志讓作倘應天教諭案應天川府名當是教授非教諭也

宣德元年丙午科

李匡黄巖人丁未進士都察院右僉都御史○通志由儒士舉

何惟機臨海人鄉試第一知縣○安陸

陳希哲臨海人訓導○大庾

李誠黄巖人訓導○康熙志惠安教諭

胡克哲天台人訓導○南陵

陳昂仙居人教諭○本縣

趙鼎黄巖人會試第一丁未進士

宣德四年己酉科

蔣箴臨海人癸丑進士刑部郎中

于珂臨海人訓導○沭陽

林璧茂宏從子丙辰周旋榜進士吏部郎中所著有一枝集北遊稿藏於家○案李茂宏本姓林故璧爲其從子也由儒士舉中式第六

章昄黃巖人丙辰進士兵部主事所著有約齋稿○鄉試第二

黃彦俊黃巖人丙辰進士兵部主事以子孔昭貴贈工部右侍郎事見陳學士循墓志○由儒士中十八名

范理天台人鄉試第一庚戌進士累官南京吏部侍郎所著有讀史備忘事見楊學士守陳墓志銘○後集無

石孟康天台人庚戌進士○鄉試第九

曹昌天台人訓導○中式第五

李睦黃巖人學正

胡克昭天台人〇中式第七

林昂黃巖人學正〇海州學正中式第十三名

潘偉天台人教授以子禎貴贈大理寺正〇中十九名康熙志甯國教諭案甯國府名當爲教授或府訓導

李則賀天台人件讀〇通志御史

盧耕黃巖人教諭〇江都

葉儒林臨海人庚戌進士教授〇應天中式御史

林灝黃巖人癸丑進士刑部郎中有公餘清興稿藏于家

宣德七年壬子科

趙象臨海人鄉試第一丙辰進士累官按察使〇湖廣

楊珏臨海人丙辰進士知府〇通志按察使

王忠臨海人丙辰進士饒州知府

王禮臨海人知府。汀州府

侯臣臨海人癸丑進士河南左布政使濶從弟

侯濟臨海人。臣從兄見康熙志

周文盛臨海人四川按察使

葛希澄黃巖人學正。歸德州

陳光黃巖人教諭。康熙志揚州教授

齊汪天台人丙辰進士兵部郎中死于土木之難

宣德十年乙卯科

陳瑊臨海人丙辰進士福建參政

錢茂律臨海人臨洮知府

王欽黄巖人壬戌進士

盧守仁臨海人教諭

董佐臨海人教授

陳鈍今太平縣西人丙辰進士吏部郎中。案時以樂清籍中式

夏魯天台人教授

正統三年戊午科

謝睿臨海人壬戌劉儼榜進士給事中

侯丕臨海人國子檢討。康熙志順天中式翰林檢討

鮑剛黄巖人長史。趙府長史

夏時敏　黃巖人教授。廣信教授

王臣　臨海人教授以子瑭貴贈御史。常州教授

正統六年辛酉科

何倫　臨海人教諭。康熙志肥城教諭

王杲　臨海人知縣。郯縣

盧欽　黃巖人教諭

徐孚　黃巖人衡州知府。湯之弟

池謙　黃巖人都府經歷。後軍都督府經歷

李謨　黃巖人訓導考功員外郎茂宏子。蘇州訓導

徐闌　黃巖人壬戌進士給事中御史新之孫。通志在戊午科（舟瑤案黃巖徐新墓碣徐闌領六年鄉薦寓徐蕭墓表中戊午鄉試第九此列辛酉誤）

張純 黄巖人壬戌進士大理評事學録粹之弟

尹鈜 臨海人壬戌進士。通志作鋐四川中式

張讓 天台人教諭。永年教諭通志讓作譞[illegible]正德天台志作譞注云赤城新志誤作讓

童守宏 琉球 天台人壬戌進士行人。康熙志賜一品服出使

許端宏 天台人教諭

正統九年甲子科

徐彬 臨海人乙丑商輅榜進士按察僉事

姚恭 臨海人乙丑進士御史。通志應天中式

李宗賢 臨海人教諭。應天中式南城教諭

周昌 臨海人長史。趙府長史

應嵩臨海人訓導○淮安訓導

趙珂黃巖人知縣事見黎尚書湻墓碑有慎齋稿○康熙志肆華容教諭

應韶黃巖人訓導○武進

李會黃巖人知縣○安福

章膺黃巖人教諭主事贩之弟所著有勉齋稿○通志缺康熙志長沙教諭

蔡堅黃巖人知府

夏耀天台人教授○九江

李猷仙居人教諭○本縣

○謝㸂臨海人辛未進士福建中式依通志補康熙志字世彰斅子廣東參政

正統十二年丁卯科

陳聰臨海人訓導○莆田

陳贊臨海人教諭○連城

應璧臨海人長史○伊府

沈日新臨海人伴讀○應天中式甯府伴讀

鄭顒臨海人戊辰彭時榜進士刑部主事

侯簡臨海人教諭○龍溪

童玘黄巖人教諭○應天中式安東教諭

李讓黄巖人教諭○由儒士舉滑縣教諭

高瑛黄巖人戊辰進士累官四川按察使○山西中式

夏塤天台人辛未進士累官都察院右副都御史才足以救時節足以表世謚見節義錄今祀鄉賢祠

賈午　天台人教諭○五河

盧巖　天台人教諭○永甯

林鳳　黄巖人訓導學正昻之子○康熙志龍溪教諭太平志尤溪教諭字克翔

景泰元年庚午科

陳選　臨海人方伯員韜之子庚辰王一夔榜進士會試第一人歷官御史按察使終廣東左布政使所在有聲近世稱名節之士必歸焉今祀鄉賢祠詳見張贊善元禎墓表

周一清　臨海人甲戌孫賢榜進士慶遠知府○康熙志字廉夫宗溍孫初任御史巡按江西

曹衡　臨海人辛未進士湖廣參議○昇之子吏科給事中

董惓　臨海人訓導○鎮江

趙洪　臨海人教諭○壽江

董齡 臨海人教諭○新會

方文 黄巖人知縣○永豐

陳甫 黄巖人教諭

黄祐 臨海人教諭○通志作葹新城教諭

陶尚賢 臨海人教諭○天長

陳祿 臨海人訓導○新喻教諭

楊明 臨海人教諭○尤溪

范文 臨海人甲戌進士廣西參政知府宗之子

馮銀 臨海人丁丑黎淳榜進士刑部員外郎

陳洪 臨海人教諭○晉江

羅洪　黄巖人辛未進士

林鶚　黄巖人辛未進士累官刑部右侍郎既没囊橐蕭然無一畝之增以遺其子而積書幾萬卷詳見邱祭酒濬墓志銘

應欽　黄巖人辛未進士按察副使教諭謗之子。廣東副使

趙賓　黄巖人知縣

潘啓明　黄巖人國子學正。應天中式

趙造　黄巖人

汪高　黄巖人教諭。黄州教授字秉淵見康熙志别號滄薺歷汀州訓導漳浦教諭終贛州教授見章㮣傳

陳昇　黄巖人

任麒　黄巖人教諭。通志作麟誤

汪正言　天台人訓導。由儒士舉新蔡教諭

曾崇志　天台人甲戌進士都御史穆之子累官應天府尹

應暄　仙居人。應天中式

景泰四年癸酉科

王崇　臨海人甲戌彭教榜進士兵部主事事見彭尚書韶墓志銘

羅溥　臨海人

陳煥　臨海人檢討璲之子

董韶　臨海人丙戌羅倫榜進士參議

謝省　黃巖人甲戌進士歷官寶慶知府年未六十乞致仕所著有逸老堂稿行禮或問杜詩註解諸書詳見李學士東陽墓表

李璲黄巖人丁丑進士

應麐平黄巖人教授謌之子。大名教授

林偃黄巖人教諭昂之子。黎城教諭

夏澄弟天台人丁丑進士主事。由儒士舉工部主事塡從

許端惠天台人學正。國子學正

趙瑩天台人教諭。靖江

徐璘天台人訓導。靖州

杜璠天台人訓導侍郎甯之子。六合訓導

齊員天台人訓導。泰甯

吳瓊仙居人縣丞。通志秀府紀善

暨仁壽仙居人

李世通仙居人。上元知縣

景泰七年丙子科

趙熙臨海人丁丑進士知府。楚雄知府

陳英臨海人都府經歷布政員鼎子

余乾臨海人

葉廷榮臨海人丙戌羅倫榜進士監察御史知府恩之子

盧謐黃巖人教諭。浮梁

林克賢鶚從弟丙戌進士按察僉事有抑齋稿藏于家事見黃侍郎孔昭墓表

黃孔昭黃巖人主事彥俊之子庚辰進士歷官南京工部侍郎與陳選齊名所著有定軒稾事見李學士東

陽神道碑

魯誠天台人都御史穆之孫

朱麟天台人學正

趙禧甯海人

天順三年己卯科

陳紀臨海人甯國通判

戴爭黃巖人教諭○由儒士舉鹽城教諭

應琛黃巖人

胡玹天台人吉安通判○由儒士舉

謝鐸省從子甲申進士南京國子祭酒○鄉試第二由庶吉士歷官禮部右侍郎諡文肅

潘禎 偉之子丙戌進士按察僉事○通志山東提學副使

天順六年壬午科

余鑠 臨海人乙未謝遷榜進士御史

趙岳 臨海人南陽同知知府照之兄

張琳 臨海人教諭○廬州教授

張奎 臨海人

羅倫 黄巖人教授進士洪之弟○由儒士舉

應祐 黄巖人蘇州通判教諭謨之子

詹巨卿 黄巖人訓導

范絪 天台人壬辰吳寬榜進士知州侍郎理之子

裘淑登天台人知縣

袁璽天台人教授○由儒士舉

陳瓘天台人通判○南昌通判

夏增天台人教諭

成化元年乙酉科案太平志有林鳳字應道樂清錦衣衛官籍十二年隸太平丙戌進士工部侍郎

李釗臨海人丙戌進士按察副使

朱士魁臨海人教諭○宜興

陳翱臨海人知縣○崇仁

蔣璇臨海人教諭○南靖

王瑭臨海人乙未進士廣信知府教授臣之子○通志鄉榜失載

馮沈臨海人壬辰進士知縣銀之弟○由儒士舉宿松知

應寵臨海人國子檢討○康熙志翰林檢討通志失載

李殷黃巖人知縣○臨湘知縣由溫州府學中式

金昭黃巖人通判○萊州通判通志昭作韶

陳暢天台人教諭○建陽教諭

成化四年戊子科

董榮臨海人己丑張昇榜進士按察僉事○韜從弟廣東參議

吳玨臨海人乙未進士知府○夔州府

張賢臨海人國子學錄

陶福臨海人知縣○利津縣

何翀 臨海人惟機子

蔡慶 臨海人知縣○高邑縣

施槃 黄巖人甲辰李旻榜進士河間知府

陳勉 黄巖人同知○太平知府

范吉 天台人乙未進士知府

楊澤 天台人壬辰進士按察副使○福建副使

潘祺 天台人乙未進士山西參政教授偉之子○後陞布政使

成化七年辛卯科

陶肱 臨海人○字良佐

郭絰 臨海人辛丑王華榜進士御史

李綸　臨海人知縣○通志瑞安知縣案瑞安屬溫州府當作靖安或瑞金也

闕儀　臨海人學正○濟甯州

金旅　臨海人教諭○臨清

王鎬　臨海人○常甯知縣

吳爲　黃巖人辛丑進士通判○甯國同知

褚潭　天台人戊戌曾彥榜進士知縣

戴慶　天台人知縣○萊蕪

金桂　臨海人○字彥芳通志仙居人

成化十年甲午科　舟程案是科通志有金福黃巖人順天中式　戊戌進士

李寅　黃巖人教諭

孫珍　臨海人知縣〇甯國縣

李靖　臨海人教諭〇虞城學

王弼　黄巖人乙未進士興化知府

王中　甯海人丁未費宏榜進士御史

成化十三年丁酉科

王純　仙居人辛丑進士以工部主事言事謫雲南推官尋起爲按察僉事〇湖廣提學副使應天中式

徐統　臨海人教諭〇福州教授

黄俌　黄巖人辛丑進士吏部員外郎侍郎孔昭之子〇吏部文選郎中

張鎮　臨海人甲辰進士僉事〇瑄子福建左布政使

李珂　黄巖人教諭〇范陽學

陳簡 黃巖人教諭○婺源學

管藍 黃巖人推官○吉安府

王從鼎 黃巖人同知○四川僉事

柯昌 黃巖人知縣○陽江縣

邵誠 太平人辛丑進士光祿少卿

戴豪 太平人戊戌進士歷官廣東參政年三十七而卒所著有贅言錄數十卷

陳綺 太平人戊戌進士四川參議

林霄 太平人戊戌進士給事中侍郎鶚從弟○應天中式

姜鳳 天台人知縣○潼川知州

齊恩 天台人○無爲州訓導

麗泮天台人甲辰進士都給事中○廣西布政

范昌齡天台人通判侍郎理之子○撫州同知應天中式

高璘黄巖人知縣瑛之弟○泰和知縣山西中式

成化十六年庚子科

王鉞臨海人庚戌錢福榜進士○翰林檢討改長史

余何臨海人學正○國子助教

王玉臨海人甲辰進士行人

倓聘臨海人潤之子

范覓臨海人文從弟○興府伴讀

葉時賢臨海人○忠之父甯化知縣

徐鵠黄巖人丁未進士
林挺黄巖人訓導○涇縣知縣
應紀太平人教諭
徐廷試天台人○吉安通判
張景元天台人教諭○雷州同知
嚴毅天台人○泰州學正
許崇仁天台人○潮州通判
姚淵天台人學正○松江通判
盧榮天台人教諭○嚴之子沛縣教諭
范繹天台人教諭○廣東提舉

吳世溥天台人知縣○吉安通判

俞穩甯海人庚戌進士工部主事○衡州知府

○張克用台州人雲南中式據通志補○太平志歸德州學正

○徐寬太平人海甯所籍辛丑進士工部主事據康熙志補○案舊鈔本有徐寬名下無注

成化十九年癸卯科

鄭文檦臨海人甲辰進士工部員外郎○通志檦作𣚷

林綱黄巖人丁未進士刑部員外郎○康熙志復姓李通志作李綱廣西參政

陳世良臨海人丁未進士知縣選從子○操江都御史

蔣頣臨海人丁未進士刑部主事璇之子○湖廣僉事

王佐黄巖人知縣

張夔 黄巖人知縣
李元宏 黄巖人學正
項亨明 黄巖人庚戌進士刑部主事〇刑部郎中
劉致中 黄巖人建甯通判〇璿之子由儒士舉
童永閏 黄巖人
邵恆 太平人學正
盧濬 天台人教諭滎之子丁未進士刑部郎中
龎振治 天台人學正泮從子
王存忠 仙居人丁未進士御史〇參政順天中式

成化二十二年丙午科

張輔臨海人教諭○蘄水學

周玉臨海人癸丑毛澄榜進士翰林編修昌之子○祭酒

戴乾臨海人庚戌進士御史

侯溪臨海人教諭癸丑進士刑部主事簡之子○饒州知府

蔡餘慶黄巖人丁未進士刑部員外郎○山東參政

王啟黄巖人丁未進士御史進士欽之孫○刑部侍郎

戴鏞太平人學正通從弟○六安州學正

戴通太平人參政豪之父○順天中式

李玨太平人○由儒士舉

夏鍭天台人丁未進士都御史埴之子○大理評事

王環天台人丁未進士工部主事

李韶黄巖人

周宜陽臨海人知府一淸之子○應天中式

宏治二年己酉科

邱呂臨海人○大冶教諭

侯汾臨海人○會府長史

葉宏臨海人○彰德教授

施奎黄巖人○國子學錄

陳徵黄巖人○榮府紀善

羅仕黄巖人倫之子○浮梁知縣

李洪繁太平人

宏治五年壬子科

秦文臨海人癸丑進士○鄉試第一河南參政

周淵臨海人○濱州學正

季聰臨海人○龍南知縣

孫球臨海人○袁州推官

項匡臨海人○壬戌進士太常博士

趙鏗臨海人○潮州通判

陳垣臨海人○由儒士舉涇縣教諭

范璘臨海人丙辰朱希周榜進士文從子○復姓王建平知縣

吳熙 黃巖人○禹城知縣
章文翰 黃巖人唐之子○己未進士刑部主事
趙崇賢 太平人訓導
葉鳳靈 太平人教諭○壬戌進士主事
李亨 太平人○晉江教諭
許性 天台人○章邱教諭
潘龍 仙居人○教諭

宏治八年乙卯科

秦禮 臨海人文之弟○己未會魁御史
周崇 臨海人○曲阜教諭

黄章黄巖人○巴東知縣

黄純治黄巖人○字化中

趙本黄巖人珂之孫○由儒士舉刑部員外郎

李滔黄巖人○已未進士南京主事

○王朝卿補臨海人江西中式丙辰進士安陸知州據通志

○陳璋太平人樂清籍據康熙志補

赤城新志卷之十一終

後學王棻校注建陽

周延祚刊孫樹義校

# 赤城新志卷之十二

## 人物四

國初科目未定豪傑之士往往出於薦舉而歲貢次之暨其後也科目日重士皆爭先競取二途所存者特其名爾雖然終不可得而廢也故既揭其所謂豪傑者置之科目之右而復次第其位望之有足取者別爲是錄于是而復有遺逸焉蓋亦釐一世以爲心者亦烏得而不錄哉錄吾耳目之所及者而詳之若乃宋元之世則固不得不略而概書以附之也

### 薦舉

徐宗實黃巖人嘗從永嘉史伯璿學洪武中官至兵部右侍郎

所著有靜齋集黃少保淮其門人也詳見赤城後集黃淮所撰墓表

虞勝字思安臨海人洪武中爲成都推官力雪冤獄全活者眾人感之爲立生祠

項霦臨海人洪武初江西僉事案著有孝經述註今傳於世

林敏字伯愼臨海人洪武初爲考功郎陞韶州同知及卒韶人立祠祀之

陳慶字繼善臨海人禮部主事

張廷璧臨海人穎悟絕倫工草書善詩文嘗受學於陶凱洪武中爲河南太倉訓導永樂初校帖翰林應二十八宿之選未幾同進者皆授中書舍人廷璧以歸省不預卒于家

周宗傳臨海人天性聰敏洪武初應詔而起以年少留太學讀書三年歸省賜襲衣金帛既還陳言稱　旨除中書舍人

章日孜黃巖人洪武中廷試授禮部主事乞歸祭埽卒于家

李時可太平縣西江下人初授監察御史未幾出知偃師縣所至有能名布政使趙新饒陽令郭槓皆其所汲引者也

趙季通天台人由教官累陞國子司業與董子莊同被選爲趙府長史當時論親藩輔導之臣恆以二人爲首稱云

徐宗茂宗實弟徐聞教諭尋爲經筵官終黃巖訓導

黃友義太平溫嶺人博學能文歷官蜀府長史終國子助教

黃顴字公衡臨海人元末薦不起洪武八年朱右薦知上高縣

重建文廟修築裏䟦有詩刻石卒于官

陳德亘字昌言臨海人洪武九年任本縣教官未幾致仕以詩文自娱學者宗之所著有南齋稿

董泰光黄巖人洪武初工部主事

王孝恭臨海人仕至湖廣按察僉事

謝梔字子温臨海人宋丞相深甫十世孫洪武中以儒士試論策授御史終上饒教諭

陳伯傑天台人洪武間郴州知州廉介惠愛郴民至今思之

蔡民玉臨海人洪武初嘗言沿海立閘等四十事召入詢訪敷陳稱　旨未幾授監察御史

楊大中臨海人元祕書著作郎洪武中被召留文淵閣數月以
老賜歸年七十七終有隨手錄三十卷
郭元亮黃巖人新昌訓導所著有尚書該義十二卷詩文集五
卷行于世
江灝字思澄黃巖人由本府訓導歷左春坊左正字
錢克邦臨海人洪武十六年薦入賦詩稱　旨除建昌知府後
以事逮至京搜其囊橐中有鐵券及五王圖象　太祖喜曰
五代時各據偏方爾祖識宋太祖是个真主便將土地歸附
使兩浙人民不識甲兵皆爾祖之力也遂宥其罪以財產還
之

高福德字用修臨海人洪武中仕爲古宏令

陳夢碩字多遜黄巖人山東鹽運使

楊光字公玉黄巖人福建左參議

王大祥天台人按察僉事

顧碩字景蕃仙居人石樓知縣有石樓文稿藏于家

韓彥中天台人監察御史

裴魯望天台人按察僉事

楊公宜天台人監察御史

王舟瑶案正德天台志作公直萬歷天台志云赤城新志誤作公宜

張珽字廷玉仙居人兵部主事有葆光集藏于家

朱焯仙居人以樂舞生舉累官太常寺右少卿

章湯黃巖人靖江府伴讀

鮑原弘字仁濟太平人永樂中伊府紀善博學能文所著有恕菴集案黃𫖯爲墓誌銘言名仁濟字原宏見赤城後集

洪益中天台人中書舍人

陳興祚字惟昌臨海人永樂間本府訓導尋陞福清教諭致仕

家居教誨不倦子璲爲翰林檢討

張遜黃巖人永樂初郴州知州

程養源太平人黃巖訓導

鄭元益太平人某縣知縣嘗獻渾天儀

李存性太平人沛縣知縣尋徙新喻有能聲

陳鏗翁太平人洪武中平陽教授有石門稿案元至正中爲平陽州教授見温州府志至明平陽爲縣有教諭無教授也此云洪武中誤

陳宗淵天台人中書舍人

應志和太平人博學能詩正統間授本府訓導改河南蘭陽終番陽教諭番都同今蘭陽有生祠所著有復軒稿

章廷葢臨海人國子助教

陳旅字正初臨海人璲之子新淦訓導秩滿陞翰林孔目尋改國子學錄未幾陞監丞以内艱起復調南監既滿考力請致

仕

歲貢

徐善述字好古天台人永樂中由桂陽學正累陞左春坊左贊善因事啓沃每見聽納卒贈太子少保謚文肅立祠墓側至今春秋祀之

余吉祥字大昌號退菴黄巖人官至禮部主事博學能詩所著有退菴集

王敬字德聚臨海人由訓導陞刑部主事尋知九江雷州二府以刑部員外郎卒于家

包仲智黄巖人仕至監察御史

楊觀字文遇甯海人博通經史仕至翰林修撰

徐宗顯黄巖人禮部主事

黃斌字憲章黃巖人洪武初貢入太學奉敕使蜀旣還除文華殿紀事未幾改戶部主事句容丞號雲松子所著有使西集

趙孝先臨海人以國子生奏請代父爲兵詔可之方正學爲送行序一時大夫士皆稱其孝後爲寶坻教諭

潘定臨海人歷戶工二部主事監察御史禮部員外郎終南京兵部郎中

吳炫仙居人歷給事中終江西按察副使

張容仙居人仕大理少卿

錢性鈔本云字士復臨海人歷刑部主事累陞廣西參政卒于官所著有寅賓集國子祭酒陳敬宗銘其墓案赤城後集不載

張璣黃巖人涿州同知廉潔自持一毫不取州人至今呼爲乾張案乾音干燥也俗謂淸潔曰乾淨兩浙名賢錄改作廉張非也

周宗遂臨海人歷禮部主事終興化知府王舟瑤案福建通志名宦傳作宗燧字景炎

蔡祥臨海人歷吏部稽勳員外終延安知府

許敬軒天台人歷禮部司務終汀州知府案明史附見循吏李驥傳

鄭嘉臨海人仕爲監察御史

王慶賜臨海人仕至工部郎中

趙鼎黃巖人仕至工部員外郎案與宣德二年會元之趙鼎別一人也

沈孟範仙居人歷都督經歷以應天府治中卒于家

蔡思黃巖人巴東知縣未三年力乞致仕年八十九卒于家號

慕陶居士　案黄侍郎孔昭其子壻也

楊轅甯海人歷順天通判終山西平陽知府

沈立臨海人初爲松溪知縣尋以更賢育民調閩縣未幾致仕歸松溪之民至今思之

林湛太平人華亭訓導未仕時以經授徒從之者衆若從子侍郎鶚與謝知府省皆其高第弟子也

葛貞黄巖人累官四川嘉定知州卒于家

施宏黄巖人累官鳳陽通判卒于家

金汀太平人累舉不第以國子生卒于家黄侍郎孔昭其門人也

王秬黄巖人和州判官以親老乞致仕今以子弼貴封刑部主事

施溱黄巖人福建延平衞經歷以子槃貴贈主事

陳炫鈔本云字伯晦臨海人應貢北上卒于途所著有孝經章句

王崇美黄巖人湖口知縣

張挺黄巖人福州通判

蔡敦思從子丹陽教諭以子餘慶貴封南京刑部郎中

賈穎字宜實天台人泗州訓導著有謙亨稿夏進士鍭表其墓

遺逸

黄中德字觀成黄巖人幼穎悟受學于鄉先生潘伯修之門及

伯修爲方氏所害乃歎曰人生于三事之如一讐其可以不復聞 國朝兵至婺卽持書閒道詣軍門請爲師復讎會方氏歸附事乃寢遂與徒徜徉山水閒不復有仕進意學者稱爲玄白先生

金道源字本仲號水南黃巖人少好學從潘伯修游博通羣經隱居松巖山中四方從學者衆有水南稿行于世

童一鶚字伯昻黃巖人性醇厚穎悟絶人年十五善屬文嘗作運甓等賦鴻生碩儒靡不歎賞有無謂稿傳于世

潘鱗字季淵黃巖人幼從鄉先生趙友蘭游通書經温厚謹飭以布衣終有蚓鳴稿

張士用號守愚黃巖人讀書秉禮屢薦不起少事親甚謹有守愚稿藏于家

林處恭臨海人性行淳篤受業于舒閬風所著有四書指掌圖隱居教授從之者眾案林受業于舒乃元初人當移次黃中德之上

張羽字孝翊黃巖人號羽南永樂初詔徵天下文士纂修大典孝翊預焉書成將授官以母老乞歸養卒年八十有五所著有掬清集

奚國賢字彥先天台人以易經教授鄉里早喪父事母盡孝時方繹騷杜門不出自號虛白山人

周應顯字伯煥天台人嘗從楊子善學放情山水洪武間累薦

不起自號靈墟山人有靈墟稿藏于家

嚴貞可天台人隱居教授嘗辭徵辟厚德高行鄉人有蓍龜神明之敬年踰大耋以終今祀鄉賢祠

葉黼字士冕號拙訥太平人博學通經史眞知實踐以古道自持貧而好施授徒所得束脩恆均諸鄉族之貧者嘗折衷學庸衆說摭取朱子語錄及黃超然通義相發明者附周易本義繕錄未終而卒

夏圭孫號學可元季徵辟不起有詩集藏于家案圭孫天台人迪之祖也

程完字德充號咸趣太平人氣和行方博涉經史爲文有典則一時物論咸歸重之其同時有閩軒邱震沈詵皆以經史自

娛不求仕進

李公毓字長民太平人以方谷珍據有台溫一時人皆附之公毓杜門屏迹若將浼焉有所感必於詩發之洪武初累薦不起後以子茂弘貴贈北京行部主事所著有藥所稿藏于家

黃尚斌號松隖太平人讀書識大義每閱史至姦臣賊子處輒掩卷感憤或至唾駡乃已嘗見人有盜其囷者乃佯爲不知而避之其狷介而能有容類如此年九十終以孫孔昭貴贈工部右侍郎詳見商學士輅所爲墓表案墓表壽八十一此云九十誤

郭熙德茂子博學篤行棄士冕嘗從之游號退軒既卒門人私謚爲文康先生孫琤號筠心克世其學所輯有郭氏詩選文

獻錄

賈富字守信號毅菴天台人隱居授徒至百數十人夏都憲塤其高第弟子也事見杜侍郎甯墓志今祀鄉賢祠子穎見前歲貢

陳彬太平人號敬所初爲縣學生累舉不第貢期將及翻然退居于家更號東海釣叟學者稱敬所先生所著有詩文稿若干卷

赤城新志卷之十二終

後學王棻校注建陽

周延祚刊孫樹義校

# 赤城新志卷之十三

## 人物五

古之人恆務乎實而不計其名實未至而名加焉則以爲恥況肯求無實之名以自墮于小人之歸哉孝義貞節美名也旌之表之誠國家之令典然君門萬里民僞日滋後世往往不能無求而得不求而不得者苟以其不求不得而并其實泯焉則亦奚取于所謂旌古勵俗者哉是用據實以書庶幾來者萬一之勸

### 孝義

陳思孝黄巖人德祐閒元兵擾攘其母被掠而北莫知所之思

孝日夜號泣與家人訣誓不見母不還行七年至濮州得焉遂與母歸侍養益篤及卒居喪三年常在苫塊負土以葬鄉里驚歎因其濮州得母咸呼爲陳濮州而不名

鄭憲仙居人景定壬進士官至太學博士德祐間元軍壓境憲奉母以逃歷深山中遇兵欲刃其母憲抱持號泣以身翼之曰甯殺我遂俱遇害

顧玉文仙居人德祐中元兵至台玉文之父被執玉文奮捍之頸被數刃與俱仆移時乃甦自是支離身無完形矣

吳處仁仙居人父某爲元軍所驅巡山呼其子索銀以代死處仁聞之卽趨軍語之曰銀吾所藏也容吾歸取以贖父及後

窖則已爲人所得矣乃告軍曰銀無存者吾戴吾頭來以代父死其弟囦又欲代之衆愕然義之俱獲免

陳參生黄巖人元軍至其母方病革泣謂家人曰我不可去汝等宜各求生地既而賊大至火延于鄰參生負母逃林莽中母曰我老病垂盡汝方壯其速去俱死無益也參生號泣不忍舍遂爲賊所殺

張哲齋臨海人文丞相天祥自通州泛海過哲齋家約共舉義欣然聚海艘移檄海上將取明州不果後張宏範入寇見壁間檄捕得之哲齋知不免語宏範曰吾生爲宋民死爲宋鬼何怪我爲遂遇害案哲齋名和孫

阮祖立字立道臨海人本姓吳少時父命爲外家阮氏後父患末疾弗良于行祖立竭誠醫禱罔效與其婦厲躬爲浣滌扶持坐卧者二十年一夕鄰人失火父卧不能起祖立負之出疾呼婦挾其姑以從鄰之老稺多焚死者祖立父母獨獲免比還則其家已蕩然矣乃僦居僧舍供具無缺至正中旌表其門

包希元臨海人敦義好施予至元甲寅歲大祲民多餓死希元計家饘粥之外以穀六百餘石給散遐邇人賴以生者頗衆

案前後至元俱無甲寅元史五行志延祐元年七月台州饑是年歲在甲寅則至元乃延祐之誤也

張克明黄巖人至正十三年州里盜起州長宋伯顔不花出令

集鄉兵掩捕克明率子弟以計襲取其首亂者二人械送于官民籍以甯州長將上其功克明謝曰某老矣因時僥倖以規利非夙心也遂隱居山中年八十一卒于家

杜文裕字希大黄巖人以捕盜有功補台州大閭巡檢以母病辭職歸養復調甯國之三溪乃訴于江浙行省乞便養時母年九十三浙東憲副王侯行部至黄巖轉聞于朝監州木八剌公率僚佐建孝行坊以旌之案上州長及此監州皆達魯花赤也官守門失載當補

陳恢字仲廣黄巖人至正庚寅十年方谷珍寇海上境內騷動恢與居僅一里聚族人及鄉之好義者禦之不克寇以勢利誘之恢輒罵不從既而與之戰于白楓河宗族死者八十餘人

寇勢益盛恢自揆終不能敵逃避山中憂憤成疾而卒

陳杲字孔英兩峯先生叔夏之子也至正壬辰十二年夏四月方谷珍寇亂知州趙宜浩率民兵禦之敗賊遂奔潰四出叔夏被執抽刀將殺之杲伏父身上願代死賊斫殺之弟多遜肉袒馳至請代兄死身被數創死而復蘇後爲山東運使

薛艮能甯海人元末羣盜起村落大掠入縣其父宗道遇害艮能痛父非命散家貲養死士爲父報仇無何賊復至艮能適病痁憊甚卽輿疾率鄉兵逆之出郭南數里與賊戰不利左右以勢不敵勸艮能走艮能曰父讐不共戴天今不能殺賊反自遁以偷生何面目立於天地閒耶今日之事有死而已

遂力戰而死

陳圭字錫斧黄巖人洪武初父叔弘爲仇家所訐罪當死圭自陳願代父死使得自新通政司以聞　上大喜曰不意今日乃復有孝子宜赦其罪爲天下勸頃之刑部尚書開濟奏曰罪有常刑不宜屈法以開僥倖之路遂聽圭代死而謫其父隷兵雲南聞者莫不歎而惜之

邱鐔黄巖人早喪母事父備極誠敬父年高無齒每食取魚肉之精美者制爲丸餅以進病革牀褥汗穢必躬自澣滌父卒遺命葬其祖塋之側塋去家百餘里歲歉費鉅鐔悉力營葬卒如父命鄉里上其事于縣不報史官王原彩爲之傳

朱煦仙居人父季用洪武中知福州時詔盡革有司官吏之爲民害者福州與焉輸罪作城役嚴饋重日費數十緡福州不禁勞苦且病謂煦曰吾贊力豈足堪此吾旦夕死矣汝弗深憂但取吾骨歸葬爾煦惶懼不敢離左右福州不得死時同役告枉者甚衆令益嚴告而謫雲南者二人被極刑者四人煦陰與父僚友同役者謀曰吾無術以脫吾父訴不訴皆死萬一吾父以訴獲免吾雖死萬萬無憾遂陳其情於上上察之乃赦福州而復其官時以煦訴得復官者十四人皆拜福州謝曰微君有孝子吾儕骨肉皆爲城下土矣已而煦以疾死十四人者哀臨猶巳子福州感傷病益甚亦死

危貞昉臨海人通周易兼善唐人歌詩性剛直每讀古人忠孝事輒斂衽久之曰使貞昉生其時亦當如此國初洪武中其父孝先以進士爲陵川丞坐法謫役江浦貞昉時爲郡學生聞之奔訴于郡守願走代父役守阻之遂號泣于庭曰人孰無父哉守感動聽之遂即日上道伏闕疏奏　上惻然從之貞昉即日解儒衣欣欣就役無難色然體質尫弱不勝任負之苦越七月竟以病卒

趙溥甯海人父仲年爲臨城令御吏公廉每庭辱吏吏後抵法誣臨城與知不能辨謫役江浦會當徙邊溥痛父非辜且垂老遠謫爲書詣執政自陳執政格弗奏下吏治之溥亡走闕

下撾登聞鼓御史以聞　上急召問狀溥已三日不食且受提曳喘讋未及對　上以爲僞妄下大都督府詰問都督武人不察其情且阿執政旨榜掠之誣伏奏杖一百徙邊扶出死

陳昂甯海人父濬凱爲桂林稅課司大使爲吏誣搆坐繫亦謫役江浦尋自江浦徙京師昂從行代執役手足瘢胝而事父無違色日食不給則傭作于市寒裂膚襦不及脛日負任至暮得升斗粟歸以養父有兼日儲則又代父執役如是四年父閔之謂曰吾老分且死奈何累汝汝歸養而母徒俱死無益也昂泣曰昂有死爾歸將何爲父亦泣不復强遣竟相繼

以没

陳蟾甯海人父國華爲南甯守在職清慎無過會部使者好摘人過失以爲功据摭無所得乃奏其淹禁罪囚律應死蟾聞之悲號不勝哀感行路既而奮曰吾父且死吾生何爲乃撃登聞鼓而言願代父死御史以聞　上陽試之詞色不變而執益堅　上由是曲赦之

謝溫良字伯遜黃巖人元至正閒客昌國奉母陳氏以居陳病癥刲股假肉作糜以進母輒差內附初蘭秀山盜發海上朝廷命殲之昌國人悉竄匿山谷閒伯遜侍母病獨不去帥義而釋之尋奉母還黃巖而留槀舊館人家越一年往取槀

爲比至忽夢母盛飾坐堂上輒棄橐以歸母果病若不能生者又一年母復病痱手足痿痹不自舉眠食起居一出其力扶持者凡十三載原宏鮑先生曰刲股而疾愈者孝感于天也不避難而釋之者孝感于人也夢而足徵者孝形于心也其職扶持十三載者竭其力而純于孝也見鮑原宏謝孝子傳序

陳顏黃巖人洪武末倭寇登岸居民駭散匿山谷中顏母葛氏老且病顏負之而逃力不能勝寇追及之母曰我病死在旦夕汝當自圖毋念我俱死無益顏不忍舍遂俱遇害

方孝聞字希學甯海人年十三喪母輒稽典禮疏食水飲者三年及父卒亦如之每一號慟聲盡氣極嘔噦出血扶而後起

因而寖成羸疾行步雖傴僂而守禮益確鄉人稱爲孝子家素貧一錢寸帛不私妻子奉尊撫幼衣食喪葬之費身自經理補葺莫不曲中禮節徧學五經而尤邃于易其弟希直嘗曰某所以粗知斯道者非特父師之教亦吾兄訓飭之功也年四十六而終

張疇黄巖人璣之從弟璣仕爲定州同知母徐年八十六病在牀褥不能起者凡三載疇旦夕扶侍至以手掬其汙穢衾裯必日澣之務令潔淨而後已其事璣一如其父

項茂字仕昭黄巖人國子監生父沒執喪盡哀既葬閭于墓側事聞　詔旌表其門後以府軍左衞經歷致仕卒于家

## 貞節

朱節婦蔡氏黃巖人博士鎬之孫女朱仕龍之妻也旣歸五年而仕龍卒節婦方年三十一常平使者黃公唐聞其賢固以請盡室賫之節婦撫膺慟曰婦無二夫縱卿相我何顏事之終身蓬首垢面奉舅姑以教其子年七十五而卒

陳氏臨海人年十八適石堅生二子而夫亡家貧甚守志不移事舅姑甚得婦道咸淳八年詔旌表其門

夏孝女小字阿九黃巖人年十五躬紡績以爲養嘉定閒女適隨父與其鄰樵于山父前與虎遇鄰人亟升木避之女見父落虎口噭號直前執薪鞭虎且鞭且泣踰數十步虎弃其父

而餧之

曹小娥黄巖人嘉熙戊戌二月晦同其母范及鄰居二十人採筍陸婆坑范爲虎所得衆悉驚潰娥執母手推虎而叫范知不免瞀瞀然命之去叫執愈疾結行數百步虎掉尾拂娥踣坐熟視娥以身翼母推之下山尚喘息會救者至布衾裹以歸歸死而屍得完里人弔之娥不能言徐曰黄虎也吾不得代吾母死也

王貞婦天台人宋德祐初元兵入寇婦舅姑與夫俱被執以死主將見婦美欲内之婦號慟欲自殺不得乃陽謂之曰若以吾爲妻妾者欲令終身善事主君也吾舅姑與夫死而我不

爲衰是不天也不天之人將焉用之願請爲服朞則惟命是從不然我終死爾主[illegible]恐其誠死許之服明年師還挈至嵊青楓嶺下臨絕壑防[illegible]少懈婦即齧指血題詩崖石上南望慟哭自投而死後其血漬入石中天陰雨即墳起如始書時元至治中旌曰貞婦立石廟祀之更名其嶺曰清風嶺

吳氏女仙居人至元丙子兵亂父攜之避于山庵俱被執執者欲脅而私之女力拒不從道出刃擬之曰汝欲生即從我不則即死女不爲動於是先刃其父以劫之女仰天慟曰吾父死矣吾尚從汝耶卒死之

陶宗媛臨海人儒士杜思絅妻也歸杜四載而夫亡矢志守節

時台被兵宗媛方居姑喪忍死護柩爲遊軍所執迫脅之宗媛曰我若畏死豈留此耶任汝殺我以從姑于地下爾遂遇害其妹宗婉弟妻王淑亦皆赴水死

陳末嬀翰林待制剛中名之女也適郡人韓戒之及期而寡時年二十二而遺孤方四月誓不他適撫其子而教之守節三十八年以壽終至正中詔旌表其門

盛眞一黃巖人讀書通經且能詩適東山馬氏未十年而夫死三女一男家無寸土紡績營生無力以教其子常口授書句以指取漬麻水作點畫教之嘗有詩云一鐙教子丹心苦半世紉箴白髮新晚年故家士族並迎至于家談論女則比之

曹大家云

狄恆妻徐氏天台人恆早没徐氏年十八守節不貳至正中鄉民爲亂徐氏避難牛圖山爲賊所執驅迫以前紿之曰吾渴甚欲赴井求水賊信之卽投井而死

任仲文妻林氏甯海人家貧甚年二十八而寡姑患瘋疾不艮于行林氏旦暮扶持惟謹撫育三子皆有成立年一百三歲而卒

貞烈郭氏天台人千夫長李某戍天台凡其夫爲部卒李見郭有令姿心慕焉乃分遣卒他戍日至其家調之郭毅然莫犯卒還具以告一日李過卒門邀入持刀將殺之李脫走訴于

縣縣坐卒死罪郭躬餽食久之府檄調黄巖州獄掾葉姓者尤有意于郭乃恩于卒卒感激入骨髓忽報五府官將決囚葉謂之曰汝或可活我與汝爲義兄弟萬一不保汝之妻年少而子女俱幼無託我尚未娶甯肯俾爲我室乎卒許諾遂以語郭郭泣曰汝之死以我之色我又忍他適以求生乎因走出仙人渡溪水中危坐而死見者驚異失色具棺斂葬之邑上其事詔旌表其墓曰貞烈郭氏之墓至正中宣撫使廉得其情卒亦免死

陳貞一　黄巖鄭谷祥妻也年二十四而谷祥卒媵周福兒一子二女陳撫之如已出終身不貳至正中詔旌表其門

王靜安天台人年十七歸同邑楊伯瑞伯瑞爲樞密院斷事官未幾死于兵靜安守節不嫁權貴爭求之至截髮自剄不貳志

洪氏黃巖人適南塘戴某未至聞戴死弟兄送者皆勸之還洪慟哭曰吾已爲戴氏婦矣可復他乎遂往殯其夫夫先有一妾遺腹生一子洪撫教之卒興戴氏

郭貞婦天台人齊義妻義酗酒刺其千夫長不死事覺當流于廣郭以廣多瘴度義不能生還乃歸其女于童氏送義郭門外籲天而哭竟赴水以死邑人憐之收其屍則端坐水中顏色不變至正中詔旌表之仍立祠以祀

蕭氏名菊奴黄巖人陳文先妻也文先以獲賊功授句容務大使轉信州巡檢卒于軍初文先與方谷珍爲仇至正癸巳谷珍船至黄巖港因虜蕭氏及其子師退次海門將甘心焉蕭氏紿以如廁攜其子同往推之入水身自繼之後數日其尸自海門浮於江不遠百里直抵舊居州守趙宜浩以聞朝廷旌其門給錢營葬仍出貲嫁其女

王揆黄巖人泰定中爲瀋王府教授卒于官其妻董氏宋提刑楷之孫女也訃至時方隆暑剖瓜輒引刀將自剄衆從旁力止之因慟哭潰亂不食而死

詹烈婦鄭氏黄巖人夫客四明未返適大兵至婦獨攜其子竄

山谷中遇兵欲汙之婦曰寗殺我吾豈從汝也賊遂斬之其首至地凡三躍

丁烈婦王氏黄巖人至正中盜起海上燒劫居民王氏爲賊所得欲掠而東倉皇請於賊曰我㓜子在抱况母家甚邇幸還其父即從爾去賊信之如所請王氏望見入門即投江而死

陳小元二女寗海人長曰璹年二十次曰瑆年十六皆在室至正十六年盜劫縣治二女皆爲所得以刃脅之女大罵曰賊奴旦夕當梟首乃欲汙我耶賊知不可屈揮刃擊瑆死璹被重創偃臥畎畝中賊乃退

梅霍女寗海人年二十一未行至正十六年賊犯境避難西溪

遇賊欲汙之女罵不受辱爲其所害

楊孝婦黄氏字集義黄巖人性端重警悟通內則孝經論語歸同里楊載至既歸而舅姑已沒大舅在大耋之年馭下甚嚴黄事之益謹定省無違禮日躬調飲膳隨所需以進或思異味雖遠百里必力致之如是者十載如一日大舅喜曰吾家新婦能善事我眞孝婦也由是鄉里皆稱爲孝婦

李氏錄事司人周顒妻也顒死子敬孫生始六月李年二十餘或以家貧子幼議改適者李抱敬孫泣曰周氏脈僅此耳台此奈周氏祀何嫠居四十年如一日仁榮仔肩其孫也

楊氏名善慶臨海人浙江提舉敬德之女孫也年十六適同邑

馬義和方閱月而義和卒鞠遺腹子應鳳尋卒敗屋數間茹蔬飯糲守志五十年年七十餘而終鄉里莫不矜念敬慕焉

楊氏名勤臨海人年十六適朱谷甫十載夫與舅繼亡楊傾貲以奉喪事守志以撫遺孤其父欲奪之嫁楊以死自誓乃止趙總管琬以聞至正丙午詔旌表其門

周氏天台人裘善甫妻善甫歿時周氏年二十九三子俱幼周奉姑教子各盡其道冰蘗自持年六十而終至正中詔旌表其門

湯氏名輕天台人年十九適陳均鼎朞年而夫亡無子撫其姪爲嗣而養其姑甚謹年八十而終至正十九年有司以聞遣

浙江（當作江浙）行省參政哈剌立門旌表

夏氏名德慧年二十一歸黄巖黄侃居八年侃卒德慧號慟殆絶衾斂營葬必盡其力志行卓卓姻戚歎服有司以聞廷議韙之下令旌表焉

金彦敬母梅氏黄巖人彦敬方四歲而父喪梅氏不忍夫亡遂裂其吭以殉郭元亮有詩云烈婦處其變感激蹈勇決引刀裂其吭悲風洒腥血孤兒弃弗顧毅氣凌冰雪天仍恤其孤不使宗祀絶今其子孫居于太平之小溪猶蕃盛云

王氏名順榮黄巖人年十七歸楊伯遂伯遂死於兵順榮守義豪貴屢欲奪其志乃斷髮至再仍欲自刎終不爲屈洪武三

十年郡邑以事　聞詔旌其門宋學士濂爲之傳案此與上楊伯瑞妻王靜安似一人一事而誤分也當更詳考舟瑤案宋濂王貞婦傳名順榮字靜安黃巖金沙里人歸同邑楊伯瑞今分爲二人誤

陳氏名眞黃巖程有德之妻洪武間以軍事坐累至羽林左衛鎭撫陸林寓所陸見其美强欲汚之不從百方脅之陳毅然如初遂被亂毆而死其夫訴於　朝林抵罪鄉邦至今稱之

許節婦名添季姓甯海人歸同邑許瑜瑜爲盜所害節婦抱幼兒從舅氏董仲載走慈谿悲號摧毀或累日乃一食仲載欲再嫁之節婦微知其意泣曰吾甯抱兒還許氏使盜殺我不能事異姓也仲載不敢復言後三年盜敗節婦始歸治田廬資其孤從儒士遊爲名士孫策任永新縣丞年七十而卒宋

太史景濂爲之傳

魏氏正學方先生子婦也洪熙中赦還立方氏祠堂以奉先生祀冰蘗自守以終其身今祠堂尚存郭知縣紳爲重修之

薛節婦姓章氏甯海薛孟釋妻也洪武中孟釋觸市民禁繫治于京師以憂憤死獄中節婦時年二十九訃聞哀毁過情欲偕死者再已乃躬紡績以奉其姑教其子孔後登進士第年七十餘而卒龔佑有詩云姑老夫亡日家貧子幼時艱難全婦道感激見民彝墓柏隨兒長堂萱與鬢衰降祥由積善天地本無私 案龔祐甯海人洪武癸酉舉人工部員外郎而薛姓無登第者

徐氏臨海人八行先生裔孫仲才女也性至淵嫕歸郡諸生張

遵生二子一女而遵應貢得鎮南州學正以去徐養姑以居既而二子繼夭遵在任娶周氏生瑀方七歲遵卒遵兄某寘周子母獨舁櫬以還議嗣徐泣語其老僕繆軒者曰而翁幸有後委而別立忍乎鎮南雖遠行可至也於是治裝戒軒以往而周意臨海惡地且憚遠莫之肯來子亦不遣徐日夜號慟不絕居歲餘覓一莊客爲輔斥鬻珥厚資其行至則訴于官得瑀以歸徐喜曰有以見吾夫于地下矣撫愛不翅己出奉其姑以壽終嫁其女于士族娶陳方伯士賢從妹爲瑀妃遂有孫三人不幸瑀亦早世婦姑相依兩世一節徐亦壽終陳尚無恙享有子孫之養云 妃音配

林汝殷妻王氏黄巖人年二十歸林氏未幾汝殷卒里人陳文白慕欲娶之王斷髮以死自決其父母防之且勸之力王佯許焉既久防者少懈乃陰屬侍女分其嫁時服一歸其母一予其妹一以爲殯殮之具遂自經而死

趙氏名欣黄巖謝乾妻也生二女一男男甫晬乾卒時趙年二十九守志弗貳有利其財産欲逼之嫁者趙聞之即斷髮自誓遂散其財厚資粧以嫁夫之幼妹所存僅給衣食而已利者乃止一婢嚴年十九亦誓弗改節與趙皆年幾八十而終鄉邦稱歎因名其所居曰貞則堂學士劉文安公定之爲之記

楊氏臨海人楊伯甯女年二十三適同里林啟章生子泰甫三歲夫亡楊時年二十七固守清苦養姑盡孝姑年九十六以天年終正統初有司以　聞詔旌表其門翰林修撰陳鑑爲之傳

董氏臨海人年二十歸同里侯思鶴生男普周歲而思鶴亡誓不他適清苦養姑始終一節年七十六而卒正統中有司以聞詔旌表其門

楊氏黄巖楊叔成長女也年二十適臨海錢胄生男緒三月而胄亡楊氏時年二十三甘心冰蘖奉養舅姑俱以壽終正統中有司以　聞旌其門

黃氏名璲臨海人年十八適同邑董宏中生男三人而夫亡黃氏時年二十有八姑張氏年逾七十久風疾茹苦食淡躬養無怠葬姑與夫悉循古禮壽六十九而終

林節婦陳氏名媛其夫林行本病革顧媛曰我身後所慮者二子爾媛捧藥盌碎而泣曰起此心者當如此盌行本卒媛冰蘗自守撫教二子以至于孫愈益蕃盛刑部郎中灝實其孫也

王氏臨海人年十六歸同里楊翠庭生男熙皞才六歲三女皆在髫齔而翠庭卒王氏時年二十有八誓不改節綜理家政撫育男女各遂室家鄉邦敬慕年八十二而終池陽守葉恩

爲之傳

郭氏臨海人年十九適同里鄭昶生三子不幸夫喪誓不他適與　旌表侯節婦止間一壁而清苦尤甚鄉人稱歎欲以上
聞而力無如之何矣案侯節婦董氏見上

陳氏臨海人年二十適同里侯孜止生一女年二十有七夫喪誓不他適撫其女嫁之以從子鵬爲後年七十有二而終

余氏臨海人年十九適許六至二十有一舅姑與夫相繼而喪無子女惟二小姑長者十六少者九齡一小叔曰叔楚年十二撫姑教叔既皆長成各與昏配以巳匳具分與二姑叔楚得子曰昌鞠育如巳子又育二姪女長成嫁之節婦以壽終

胡吳二節婦姓黄氏俱臨海人從父姊妹也長名大山適胡宗選次名三奴適吳克表二家相去不數里其夫皆以税糧就逮　詔獄其姊遣人戒妹曰若夫罹譴必貽累妻子若宜見幾毋玷辱我家時妹已預決于心慰安子女扃戶自縊死既而其姊亦死于舍側池中鄉之大夫士莫不歎其難而悲之

王氏名愛王天台人自少性行端重年二十二適徐敬仲期年夫喪遺腹生一子家貧甚其姑欲嫁之王慟哭不忍舍事姑益謹姑既亡教子克底成立卒年八十餘

徐氏天台人年十八適同邑戴用輝居六年生一子曰宗珍一日夫疾革顧徐若有所屬徐曰君念父母老及遺孤無託乎

吾不從君死政以二者貽君恨爾用輝頷之再三遂卒徐居貧自力日供甘旨無怠舅姑沒葬祭一以禮而不苟鄉邦稱之兵部侍郎杜甯爲之傳

陳氏臨海人年十八適張暹暹亡遺腹生一子手足皆風艱於動履陳撫育之大興厥家孫一曾孫七玄孫十皆富盛節婦八十有八而卒

陳氏名小奴臨海人適康功地名王三苟一日其夫爲虎所得郎攘奮悲號而往虎驚駭舍之去亟負以還而其夫死矣未幾有郭素者欲納爲妾陰使人諷之不從乃强委禽迫以歸陳度勢不可免乃亟走姜巖自投而死鄉人義而哀之議撫諸

孤欲祀以配淸風嶺後五十年馬守岱至始爲立祠祀焉

邱鏘妻謝氏歸鏘年二十有二而鏘卒止一女無子其母欲改嫁之謝以死誓妯娌間有以利害密勸之者輒以大義拒之皆含愧而退其家貧甚恆紡織以自給考功員外郎李茂宏高其行求其女爲子謨妻謨後爲訓導

盧津奴黃巖趙叔民妻有容色略涉書史洪武十九年叔民被誣以黨卒于　京明年籍沒其家盧聞官軍至邑即欲與子俱飲藥既而泣曰汝年方七歲萬一得生未可知我甯就死義不受辱遂題詩壁上飲藥仆地而絕官軍入門見壁上詩歎曰好婦人好婦人我回朝説去鄉人至今稱爲趙烈婦云

張璩奴黃巖人少聰慧適徐宗谷宗谷爲仇人所害張負姑匿巖穴中間道達姻家泣謂姑曰婦不死以仇未復遺娠未分耳既而育女妾乳男張撫字無間又明年仇以姑訴受顯戮始招夫魂而葬之焚香誓天無再嫁意年五十四而卒國子學錄張粹爲之傳

龔氏黃巖邑庠生余鑾妻年二十餘鑾歸自學中遭風雨溺涇中龔在母家聞之卽哭仆于地將絕復蘇繼至溺所殮其夫屍欲隨以溺家人援之與歸夫家仍欲自盡乃送之母家亦復如是母慮之復送夫家七日遂自經而死鄉人莫不哀之尋上其事於所司不報

徐氏黃巖林思禎妻年二十二夫死遺腹三月生女其兄憐其
少寡欲易其志徐以針刺目死以自誓養姑至孝宿食俱與
姑同年六十七今猶康甯無恙
裘氏仙居人適同邑徐仲成仲成死時裘氏年二十一有遺腹
僅四月後生子曰顯甫二歲雖遭危而以清節自守紡績撫
孤終始無玷人咸稱之
王氏仙居人適舉人豐仁壽仁壽死時王氏年二十五無子執
節守義凜然有古柏舟之遺風焉案仁壽景泰四年舉人
金孝婦施氏太平金敬修妻也在室時嘗刲股肉以愈父疾及
歸敬修姑嘗遘疾醫禱罔效亦刲股肉作糜以進而姑疾亦

愈鄉里驚歎以爲孝感所致葉士冕作金孝婦傳

陳氏名哲太平金如珙妻也適如珙七載而寡無子僅一女如珙沒時每欲自殺以殉所親力勸諭之乃斷髮繫夫之臂誓以同穴卒撫其女女適兵部主事黄彦俊拙訥葉士冕爲作苦節傳

張節婦徐氏黄巖張世凋妻也生男璣四月而寡孤苦自立教子璣爲涿州同知年八十六而卒蕭山魏尚書驥爲之銘

林氏黄巖章子行妻年二十七而子行卒晝夜哀痛不絕聲兄憐其家貧少寡欲奪其志林斷髮自誓躬紝以奉其姑教其二子隆昭皆知問學天順末有司應　詔上其事不報

王節婦章氏進士王欽妻也欽卒時章氏年未三十冰蘗自守撫其子松松長生子敵今爲御史章尙無恙有司以事聞未報番易教諭應志和爲之傳

盧節婦章氏伴讀章陽之女適教諭盧耕之子永桂甫二載而寡且無子舅姑相繼沒他無所依章撫其從子以爲夫後冰蘗自守今壽幾六十矣進士徐鷴爲之傳

趙氏黃巖謝縉妻也縉卒時年二十八子鏳才二月家無卓錐冰蘗自守誓不他適鄉邦莫不憐且歎之爲上其事不報

徐顒妻周氏隨顒爲吏于京顒病故周痛絕欲與俱死衆勸諭之不已卒自縊兵馬司爲上其事不報刑部主事盧濬爲之

傳

眞奴黄巖符松妾也松旣死其妻鍾氏將歸母家欲有他志眞奴泣諫求欲終喪鍾大怒亂捶之必逼以去眞奴潛還慟哭遂縊死于松柩上

趙偃者松門衞趙貴之妹貴妻梁氏不孝其姑姑將聞之官梁氏懼罪自縊死梁之兄弟苦明等大怒將縛貴而甘心焉貴走匿乃逼偃欲姦之以肆其毒不從遂挪縛游街至暮仍欲姦之偃力拒不獲遂亂毆以死一時見者莫不泣下邦人至今哀之爲作長恨歌

程宗岳妻陳氏適宗岳三年而寡無子誓不他適撫其從子爲

宗岳後冰蘗自守踰三十年而卒

李石者黄巖陳温之妾温没其妻應將攺嫁焉石所生子養則才數月亟抱以匿于應之兄弟家應百般誘脅堅不可奪卒撫其子以終身應後每歸自曹氏輒歎曰吾愧無以見爾也

陳氏黄巖葛永甯妻也歸葛七日永甯以事逮至京竟死于獄陳哀痛欲絶冰蘗自守撫從子希澄爲永甯後年八十五而終希澄後爲歸德學正有司上其事不報

張氏黄巖應珉妻也珉領鄉薦後娶張氏方數月復赴春試留太學凡三年而歸歸卽死貧無卓錐張百方營葬卽自爲家壙期與之同穴自是冰蘗之操凛不可奪後二十年其子用

世亦死未幾而張繼之至今鄉之人莫不稱歎而哀痛焉案應琨天順三年舉人與謝文肅爲同年

赤城新志卷之十三終

後學王棻校注建陽周延祚刊餘杭孫劉義校

赤城新志卷之十四

官守一　郡官屬

漢宣帝曰庶民所以安其田里而無愁歎之聲者政平訟理也與我共此者其惟良二千石乎是郡守之職上與天子分理天下而或不得其人爲吾民將何恃以生天下亦何自而理哉宋雖季世觀之吾台猶往往不乏賢守至有以權攝而死其土地者若元則一以其族類爲之而漢人南人貳焉於乎吾民之生蓋至是極矣向非我　聖祖一埽而正之禍不有烈於被髮左衽者哉錄今之郡守與其貳以上及於宋非獨爲吾台民歎亦以歎天下之民幸不幸有如此也

宏治赤城新志卷十四

宋

郡守

葉棠寶慶中至紹定二年大水復以浙東提舉兼郡守見王象祖葉侯生祠記林表民爲撰赤城三志亦象祖爲序見謝氏闕文而今以所知新補者低一格以別之後皆倣此

李宗勉紹定四年以朝散大夫至後作相謚文清案趙必願當次此

邢近端平二年至見陳耆卿增學田記

陳振孫端平三年至見謝采伯奏行萬戶記

王萬嘉熙二年至在郡惟蔬食終日坐聽事事至立斷吏無所售往往改業散去民亦化之不復訟郡以大治

包恢淳祐三年以宗丞至有妖僧居山中號活佛男女爭事之因爲姦利豪貴風靡恢誅之案恢淳祐二年爲郡丞見所撰沂詠堂記誅妖僧事見宋史

趙必願淳祐五年至察民疾苦撫摩彫瘵修養濟院建陳忠肅公祠政教兼舉卓然有稱案願當作愿紹定六年至見所撰養濟院序及陳振孫陳忠肅公祠堂記當次前李宗勉下

應繇淳祐初至見宋史本傳葉書案宋史應繇字之道昌國人淳祐二年遷宗正寺丞權禮部郎官兼國史編修實錄檢討差知台州召兼禮部郎官崇政殿說書

趙希芬淳祐五年以直祕閣至

趙與杰淳祐五年以工部郎官至案董亭復州學塗田記當以淳祐二年至在包恢前

丁璹淳祐五年至見吳子良州學六賢祠堂記買南金州學

祭器頌

沈塈淳祐中至案宋史高斯得傳遷浙東提點刑獄劾知台州沈塈等七八以勢厲民當在淳祐八九年

張琥淳祐十年以宗丞知

趙與謹寶祐元年以吏部員外郎知案所撰巾山翠微閣記結銜稱朝奉大夫

許子良寶祐三年以太博知

應與權寶祐中至見宋規約殘碑案與權毗陵人當以寶祐五六年知台州

趙景緯寶祐六年以大著知在郡以化民成俗爲先務約束官吏擾民凡五事舉遺逸旌孝行平重刑治豪橫建社倉節浮費民甚德之棄書案宋史本傳景定元年授祕書郎遷著作郎兼史館校勘乞外祠進直祕閣台守王華甫禮爲上祭書院堂長以疾辭依舊職差知台州則趙爲守當在王後矣蔡案車若水新鐲坊場河渡錢記趙當以景定三

年七月至四年十月入朝爲考功郎其治台政績宋史甚詳當補錄

謝亶開慶元年以龍圖閣至

王華甫景定元年至初爲黃巖縣令案在淳祐八年見社倉記後守台擊強扶弱正經界均賦役歲連熟民爲之謠曰若無王知州爭得盌飯磕鼻頭當時言守令者以爲稱首案趙景緯當次此

臧元哲景定四年以司農簿知

徐宗仁景定五年以殿講知案人物志引作宗臣

陳澮祖咸淳元年至案陳澮祖新建鹽倉記當以淳祐七八年至宜次沈塈前

項公釆咸淳三年以宗正簿知

戴侗咸淳四年以軍器監簿知

胡崇咸淳五年以太常寺丞知

趙子寅咸淳六年以編修知賑濟修城民懷之子孫遂家於台

黃應龍咸淳八年以大理寺簿知

孔應得咸淳十年以將作監簿知

楊必大德祐元年以國子博士知降於元

王廷德祐二年以太學博士權知州事時台已奉謝太后旨附降於元廷與陳仁玉築城浚濠倡民義堅壁以守城旣陷遂赴泮橋水死之

〇通判案原書未載今以可考者補錄於此

陳觀寶慶中通判見築城議及萬壑風煙亭記

鄭宻紹定五年見李宗勉通判聽記
包恢湻祐初以宗正寺主簿添差通判見宋史本傳
高斯得湻祐初添差通判見宋史本傳
俞益之湻祐六年至見陳湻祖鹽倉記
楊文仲寶祐元年進士添差通判台州見宋史本傳
王應麟宋史本傳丁大全敗起通判台州當在開慶景定閒
又案推官陳煒紹定年至見下卷黃巖縣令又趙汝漕滕
鉛湻祐年至見包恢推官聽題名記錄事趙汝回寶慶二
年至見錄事聽石記序司理何處東湻祐年至見吳子良
司理參軍題名記附識於此

宏治赤城新志卷十四

元

總管

石國華至元十四年安撫

王遇至元十四年以朝列大夫至

彭之才至元十五年以昭勇大將軍至

馬沆歡至元二十二年以朝列大夫至

廉恪至元二十六年以嘉議大夫至案學校志作廉格

劉克昌至元二十九年以通議大夫至

朱霽元貞元年以大中大夫至廉慎得體愛民重士案史孝祥修學記名霽字景同淮安人

劉元[illegible]大德二年以嘉議大夫至

劉世彬大德八年以嘉議大夫至

夏貽孫大德九年至數月以養親去

謝居明大德九年以大中大夫至廉正有惠愛

趙義至大四年以少中大夫至

王壽延祐元年以少中大夫至

崔舜元延祐七年以大中大夫至

趙鳳儀至治三年以大中大夫至政平訟理修文廟及上蔡書院有諭俗喪葬婚嫁文案字端卿號怡齋古汴人見章嘉丞盈倉記

李德厚泰定四年以亞中大夫至清峻嚴重吏民畏之

王居敬至順二年以亞中大夫至清修苦節視民如子置中津橋田以絕吏姦民賴之案嘉靖臨海志赤頫潭元統元年王守居敬命典史朱珪禱雨隨應元統在至順後官守表列武宗時誤

白景亮至元二年至案後至元二年丙子均徭役興學校儒風大振性尤廉介自奉甚薄案元史良吏傳字明甫南陽人由衢州路總管改授卒于官

禿堅阿至正元年以中順大夫至見周潤祖重修總管府碑案造像題名作禿堅董阿

趙琬至正三年至方國英以舟挾琬至黃巖琬潛登白龍輿舍于民家絕粒不食人勸之輒瞑目七日而死琬字仲德見元史忠義傳事在至正二十七年此云三年誤也國珍起兵在至正八年

達魯花赤

李宥至元十四年以中順大夫佩府印至軍民兼管舊志稱其歸附初有勞來安輯之功案石抹繼祖總管府碑言總管李公宥是宥以總管兼達魯花赤也

麻合馬至元十四年以昭勇大將軍至

忽宰至元十六年以昭勇大將軍至

剌剌至元二十年以昭勇大將軍至

禿呂至元二十三年以昭勇大將軍至

安剌眞至元二十九年以少中大夫至

撒里蠻元貞元年以昭勇大將軍至

忻都大德元年以嘉議大夫至

宏治赤城新志卷十四　六

別的斤大德五年以昭勇大將軍至

脫鉢大德七年以昭勇大將軍至

小哥大德十年以正議大夫至

也都居帖木兒至大元年以中議大夫至見石抹繼祖總管府記

教化的皇慶元年以嘉議大夫至

塔海延祐三年以正議大夫至案程郇修學記稱總管

道僧延祐五年以嘉議大夫至

捏古伯至治元年以通議大夫至

阿老瓦丁泰定三年以嘉議大夫至

黑黑天歷二年以正議大夫至

察乞兒察至順三年以亞中大夫至

月魯不花元統元年進士授將仕郎台州路録事司達魯花

赤見元史本傳

哈剌不花至正初至見周潤祖總管府碑

㚍不華至正十一年至見元史本傳

孛顔忽都至正十三年至見劉基天妃廟碑

同知

楊芳春至元十三年以同知安撫司事改授

乃蠻䚡至元十四年以明威將軍至案䚡多改切音歹

孫檝至元十九年以武略將軍至

崔履謙至元二十一年以奉議大夫至

陸垕至元二十七年至後陞浙東副使以廉能稱垕字仁重江陰人見元史

史孝祥元貞元年以朝請大夫至博學有文廉慎下士有修學記

焦達大德四年以朝列大夫至

儀安世大德七年以奉議大夫至

塔不觧大德十年以奉議大夫至

伯要觧至大元年以朝列大夫至

也列門皇慶元年以中順大夫至

苫思丁木忽必延祐五年以武德將軍至見程郇修學記案學校志作也里忽都魯

旦牙津泰定三年以中順大夫至

沙的天歷二年以中順大夫至

伯顔至順三年以朝議大夫至

佛留至正初至見總管府碑

石抹宜孫至正十一年至繼祖之子見元史本傳

治中

阿八赤至元十四年以忠顯校尉至

王慶浦至元十五年以武略將軍至

羅士龍至元十九年以承直郎至

捏古察至元二十二年以忠顯校尉至

主英至元二十五年以奉訓大夫至

宏治赤城新志卷十四

朱端義至元二十八年以奉訓大夫至

史朝宗元貞元年以奉議大夫至

忙古解大德三年以奉議大夫至

忽林赤大德六年以武略將軍至

尙好禮大德九年至

陳孚至大元年以翰林待制改文學雄于一時案孚字剛中臨海人

王奐皇慶元年以朝列大夫至

曹伯啟元史本傳累遷台州路治中擢西臺侍御史當在延祐初年

不魯嗒禿延祐三年以朝列大夫至

伯帖木兒延祐六年以承信校尉至
斡羅思至治二年以奉訓大夫至
忽都魯沙泰定二年以武德將軍至
也木干天歷元年以奉議大夫至
牙速忽至順三年以朝列大夫至
月魯帖木兒元統二年以中議大夫至
賈讓至正初至見總管府碑
府判
李道至元十五年至
張謙至元二十一年至

法剌合丁至元二十七年至

李惟忠元貞二年以承直郎至

阿的迷失大德三年以承直郎至案康熙志大德二年至

木忽賓大德三年以承直郎至

張懲至大元年以承務郎至廉介方正

張浩至大四年以奉議大夫至

葉同孫延祐元年以昭信校尉至

劉遇延祐五年以奉直大夫至見程郇修學記

王泰亨至治三年以奉議大夫至

翟讓泰定三年以承直郎至

李琪天歷二年以承直郎至
趙恭至順三年以承直郎至
推官
陸之翰至元十八年以承務郎至
董士亨元貞元年以承務郎至
陳舜舉大德二年以承務郎至
邱岳大德二年以承務郎至
周翰彥大德元年以承務郎至案當在陳舜舉前
趙思敬大德五年以承務郎至見康熙志毛宗澄校補
王守甯大德十一年以承務郎至

馮亢宗至大元年以承務郎至

王洧至大四年以承直郎至

張繼祖延祐二年以承直郎至

王毅延祐三年以承直郎至

陳信延祐六年以承德郎至

王賢佐至治三年以承直郎至

崔惟欽泰定元年以承直郎至毛宗澄案康熙志崔作蔡

李珪泰定三年以承直郎至

柏昌泰定三年以承德郎至毛宗澄案柏昌康熙志作褚昌齡

張恕天歷二年以承直郎至

李恕元統二年以承務郎至

楊惟忠至正初至見總管府碑

國朝

知府

范明敬湖廣人洪武元年至時海寇陳敬仲肆掠鄉邑一境騷動僚佐皆驚愕失措明敬曰毋恐吾當自行即至栝蒼募民兵勦平之民賴以安

張繼先洪武初至見公廨永盈倉下

王輝河南人洪武中以監察御史至不攜家獨與父俱僕隸給薪水之餘不留於舍爲政廉明嚴毅吏畏其威民懷其惠至

令論郡守之明者必以輝爲首稱

喻仲衡字平甫洪武中有司以賢良薦授台州知府値荒旱春農乏種官廩有穀數千石仲衡請於朝以穀貸民繼而秋成民食既足公廩亦充而尤盡心於學校見萬姓統譜

高璞洪武間至見推官吳仲勝下

閻彥清洪武二十三年見孟士厔府學題名記

芮麟甯國人洪武末由監生至明於政體吏民信服嘗註誤被逮父老泣送境外多遺之金一無所受

程克成江西人在任一遵國憲三載考績復任至浙河以疾卒郡人痛之

江恕湖廣人由監生以蘇州通判至嘗建言水利及軍衞收糧之弊民甚便焉

戴新山東人永樂初由進士以戶部員外郎至勤儉公平有循良之名終雲南布政使

王慧字仲智廬陵人永樂十年知台州興學育才奬善罰惡一郡以治見金幼孜文凊公集

程賢眞定人宣德間由監生以刑部員外郎至時郡城軍强民弱程痛繩以法軍以更漏虐民乃更建齊政樓俾民司之衞不能奪郡有三關米津屯頭關嶺皆軍爲之暴悉革去之

李性河南人正統間以給事中至未幾爲黃巖令所擠[illegible]代其

位見公廨志

周旭鑑江西人由黄巖縣知縣陞其在府一如在縣時而民畏之尤甚未幾陞浙江參政仍掌府事卒

劉鏞山東人景泰中由監生以浙江理問至此正先甲後甲之際而不知所以慎故先後之稱郡守者不得廢公論而歸之

邢宥廣東人天順初由進士以監察御史至一矯前人之弊而乘之以寬未幾坐舊任詿誤去民多思之尋起知蘇州仕終都察院右僉都御史案東山閣記天順四年至六年修閣撰記康熙志謂景泰五年至誤也

院勤交趾人景泰甲戌進士歷大理寺正天順八年至修學校建鄉賢祠及上蔡書院累官參政都御史今以刑部侍郎致

仕見劉釪鄉賢祠記明史有傳

劉忠山東人由御史成化九年至秩滿陞參政今以副都御史致仕見盧守仁重修郡志序

葉贇山陽人由進士歷刑部郎中成化十八年至秩未滿以憂去人今思之尋陞江西布政使

馬岱江都人由進士歷戶部郎中宏治二年至勇於敢作民不敢言未幾坐罷免去

陳相直隸揚州府泰州人成化乙未進士歷戶部郎中宏治六年八月至

同知

甯希周洪武二十三年見孟士桓府學題名記

趙民河南人由監生永樂二十年至宣德初卒於官

楊栗直隸人由監生宣德八年至政尚嚴猛民吏畏之

金璧福建人由監生正統六年至郡邑坊扁多其所書後陞南
康知府

左惟庸景泰初至郡人至今言簠簋不飭能以官爲家者未嘗
不以爲首稱焉

鍾鼎廣西人由舉人景泰中至未幾坐罷免去

王用宣湖廣人成化初由舉人至未幾以憂去

林儼隴西人由舉人成化三年至秩滿陞寶慶知府見劉釪楊守陳記

霍諶廣東人由舉人成化十二年至未幾以憂去

林仲璧福建人由舉人成化十四年至未幾以憂去

張冕江都人由舉人成化十九年至在官貧甚去之日行李蕭然今陞徽江知府

管昂直隸睢甯人由舉人宏治二年至效左之爲而才足以濟未幾以素行不謹去

陸琪直隸蘇州府吳縣人由舉人宏治六年十二月至

通判

陳巖永樂中至職專水利凡橋梁陂塘悉加修築遺蹟尚存人今思之

鄭曇山東人由監生永樂十六年至

牛麟山東人由監生永樂十九年至

史彬河南人由監生宣德三年至

曾貫福建人由監生宣德四年至

白玉陝西人由監生正統二年至後陞紹興知府

劉溥河南人由舉人景泰四年至嚴重廉介人莫敢犯雖僚長亦畏懾之

孔彥綸句容人宣聖之裔由舉人天順七年至廉而愛民終始一致秩滿卒於官貧無以殮民爭賻之數十年來稱郡佐之有守者必以彥綸爲第一案章綸太平縣治記劉釪鄉賢祠記蓋至成化七年猶在任也

樊經湖廣人由進士以刑部主事成化九年左遷至雖小有才然承孔之後識者以爲如陰陽晝夜而孔之恩益切矣

鄒冕宜興人由舉人成化中至未幾坐不職調去

武全直隸欒亭人由舉人成化二十年至始雖矯廉以釣名終實酷罰以襲取秩滿以代去今爲福建提舉

翟永齡武進人由舉人成化二十三年至未幾以病去

周惠常熟人由舉人宏治元年至今陞紹興同知

皇甫福直隸淮安人由舉人宏治八年八月至

推官

吳仲勝洪武間至貌恭而言訥郡守高璞初甚易之旬日間淹

獄悉理人皆服其明恕時僚佐競爲奢靡仲勝獨以齏鹽自
甘公退惟讀書而已僕遂以君子稱之
朱旭永樂中至見公廨永盈倉下
楊宗山西人由監生永樂十七年至
曹敬河南人由監生永樂十八年至
嚴恭廣平人由監生永樂二十一年以御史左遷至
周正江西人由監生正統三年至
舒鎮江西人由監生景泰四年至
劉清儀眞人由監生天順六年至
李睿河南人由監生成化九年至

劉嶽江西人由進士成化二十年至今陞瓊州同知見包廷嘉府治記

盛廣直隸華亭人由舉人宏治七年二月至

赤城新志卷之十四終

後學黃巖王棻校注建陽周延祚刊餘杭孫樹義校

# 赤城新志卷之十五

## 官守二 縣令

漢明帝曰郎官上應列宿出宰百里苟非其人民受其殃是令視守雖爲稍卑而其權之足以殃民則一也況其地於民尤親而朝發夕應者乎此令之賢否誠不可不錄錄之匪徒見其職之重抑亦示勸戒於將來庶幾有留念於吾民者哉

宋

臨海縣

劉棟寶慶二年至創立學校政有美譽案包恢臨海進士題名記棟當以湻祐初至又方沂宣詔亭記在湻祐三年則此言寶慶誤矣

吳楷溫陵人前臨海尉紹定四年至見吳子良臨海縣治記

趙子寅端平二年至有遺愛後爲台守案守台在咸淳六年距此三十餘年似太遠

呂守之嘉熙二年至婺州人東萊之子案劉棟當次此

孫𤩹淳祐元年至案當作德祐元年𤩹奉母在官元兵至母子俱蹈難死見台州外書

黃巖縣

朱日新寶慶元年以宣教郎至

趙汝駉紹定元年以通直郎至案陳耆卿三賢祠記紹定改元十月趙令汝駉始祠於學

陳遇明紹定三年以奉議郎至

陳煒紹定六年以本府推官權

辛安世通直郎賜緋紹定六年至案端平二年新城隍廟見林昉記

豐雲房端平三年以天台主簿權

黎自昭嘉熙四年至見杜範黃巖縣譙樓記字晉甫見高斯得集

趙必适淳祐六年至見程公許杜清獻公祠堂記

王華甫淳祐八年至見社倉記及義莊田記後爲台守

林端行淳祐十一年以宣教郎知見慶善寺鍾款永嘉人

洪穮寶祐中至見社倉記

史育之四明人景定二年至見社倉記

仙居縣

趙善悉嘉定間至愛民如子値歲飢徧走拯給民懷其惠爲立趙長官祠案陳氏赤城志善悉以嘉定十四年至十五年卒

聞人仲修寶祐三年以承議郎知見隱眞宮莊田記

徐烔開慶元年以通直郎知見顯慶寺鍾款

陳夢實永嘉人咸淳七年以宣教郎知見進士題名三碑

天台甯海二縣舊志俱缺無考○今補天台二人甯海二十二人

案甯海有縣尹題名記自寶慶二年黃準始至德祐丙子許元沐止凡二十二人今依碑本補錄於後

黃準寶慶二年十二月到任　潘昌尹紹定三年正月到任

孫師龍紹定六年三月到任　胡夢炎端平元年三月到任

錢宗文嘉熙元年三月到任　徐安國嘉熙三年到任

劉子嚴淳祐二年二月到任淳祐五年二月滿替　陳友直淳祐五年四月到任

趙與昭淳祐年月到任　鄭思中淳祐年月到任○案
康熙志名宦有傳
魏澐淳祐年月到任　戴耆壽淳祐十一年到任
黃仁琳寶祐元年二月到任　劉曾寶祐年月到任
陳肖孫寶祐年月到任　趙良肱寶祐五年到任
趙與瞻開慶元年到任　趙崇標朝奉郎景定年到任
趙時玲景定四年十一月到任　趙必椋咸淳元年到任
趙若佺咸淳八年到任　許元沐東陽人德祐丙子○
案元沐嘗令天台見
康熙志又名宦傳有潘晉孫金華人紹定三年知天台縣滅
租戢盜平糶賑飢修學宮葺祠宇新驛舍嘗著續題名記

元

臨海縣

縣尹

劉德源至元十三年至

尤如海至元二十一年至捐俸葺明倫堂

王鋭在任十年民甚安之案當以至元二十四年丁亥至至大德元年丁酉足十年也見公廨志

朱玉大德元年以承務郎至

殷俊大德五年以忠武校尉至

王儼大德九年以承務郎至

常受殷至大二年以承務郎至

李艮弼皇慶元年以承德郎至

謝閏延祐六年以承直郎至

張忙古歹至治元年以承直郎至

孫琳泰定二年以承直郎至

黄彬天歷元年以承務郎至

桑脱脱至順三年以承務郎至案靈溥廟記在元統三年稱承德郎

張元永至正十年至見周潤祖去思碑

張惟彬至正季年劉仁本有寄臨海尹張惟彬詩見羽庭集或曰惟彬恐即元永之字當更考之

黄巖縣

楊澤以從仕郎至存心恤民父老肖其像祠於城隍廟

李簡以從仕郎至

王起以從務郎至

孫㬅以承務郎至　案公廨門作孫諤至元中至

王簡以從務郎至　案以上縣尹皆至元年也元貞元年陞州後載白凱韓國寶二人皆知州也今重編如左

黃巖州

趙雲甫元貞二年以武略將軍知州事

韓國寶以武略將軍至修學宮平冤獄興水利　案大德三年知州見林昉記

蔣瑾大德十年以武略將軍知州事見至順鎮江志

范忠延祐四年以奉議大夫知州事見元眞道院記　眞定人

白凱以奉訓大夫至嚴明鎮靜吏民懷之　案常寂院記在至治三年舊志韓前誤

李士行泰定元年以奉訓大夫知州事見元眞道院記　薊邱人

趙宜浩至正十二年知州見孝義陳杲傳

天台縣

張德進至元間至建學禮士見學校公廨兩門

劉慶大德十年至鐫累朝勸學詔旨以勵生徒見學校

佟復皇慶元年至重修廟學案所撰東安隱院記在延祐元年

楊維楨天歷元年以進士至文學雄於一時

仙居縣

王徵至元十八年至重建縣治

虞俊民至正中至見祠墓門忠烈廟下

甯海縣舊志缺無考

達魯花赤

臨海縣

張忙兀至元十三年至

烏馬兒元貞元年以承務郎至

曙思丁大德元年以保義副尉至

乞思監大德四年以從仕郎至

苦思丁大德八年以承事郎至

火者赤大德十年以中顯校尉至

馬必吉男至大二年以中翊校尉至

也先海牙皇慶元年以中顯校尉至

孛羅歹延祐二年以中顯校尉至

倒剌沙延祐五年以序信校尉至

福住至治元年以中顯校尉至見章嘉永盈倉記

伯帖兒泰定三年以承直郎至

暗都剌天歷二年以承務郎至

奧赤至順三年以承務郎至

暗都剌阿昔思元統中以忠武校尉至見靈濟廟記

黃巖天台仙居甯海四縣舊志俱缺無考

案黃巖達魯花赤今考得三人補錄於後

木八剌大德六年至見孝義杜文裕傳

宋伯顏不花至正十三年至見孝義張克明傳

哈兒魯至正十八年至見明史朱亮祖傳

國朝

臨海知縣

王貴洪武二年至建縣治修學校見公廨志

龐惟方洪武十二年至爲政平恕民有爭訟必從容諭之使之自服

張誠永樂三年以天台丞至熟知民隱吏不敢欺

文忠永樂十八年至政尙寬和民恆思之

童文以監察御史左遷至

謝恂宣德三年至守職公禮後陞平陽知府

李文序正統七年至黨於周守民亦畏之京山人見陳璉題名記陳循修學記

孫振望以福建僉事景泰四年左遷至與張彥同時行皆不謹而才過之案張彥黃巖知縣亦以福建僉事左遷至

薛寬天順七年至

沈和成化二年至

褚祚以進士成化十年至後終監察御史

方進以進士成化十七年至尋陞大理寺丞今爲知府

姚鑑成化二十二年至未幾以憂去

陳劍以舉人宏治三年至

黃巖知縣

唐宏洪武元年至修政立事愛民禮士境內帖然洪武二年改州爲縣既去父老猶頌其美案唐宏知州因改縣而去

李復洪武初至見學校志

李震亨洪武中至見學校志

周惕洪武三十年至勸農桑興學校民至今思之

殷序以進士至律己撫民政事修理民稱頌之後陞江西右布政使

周旭鑑廣信人由吏員歷通政知事宣德六年至矯廉以猛事皆立辦未幾陞本府通判仍掌縣事十年之間重足屏息民

不敢犯

焦瑾山東人景泰元年至惟周之從無所顧忌案李茂宏新井亭記焦當以正統十年至時周旭鑑方守台也

張彥江西人景泰五年以福建僉事左遷至邑政之弊於是漸極而不可爲未幾坐罷免去

胡鼎天順二年至才不及瑾而行實稱之

焦顯天順七年以監察御史左遷至未幾復職去

祝茂成化二年至酷於催科未幾坐罷免去

鄭文成化五年以監察御史左遷至嚴刻强戾舞智飾廉民甚畏之終漳州知府

鄭達成化十六年以進士至終監察御史

羅政宏治元年以進士至未幾以憂去

葉榮江西人宏治六年至未幾坐素行不謹去

李葵潁州人由進士宏治九年以監察御史左遷至

天台知縣

鄧林洪武元年至奉公守法長於吏治

張時習洪武間至修理公廨民不知勞

康彥民永樂二年以進士至廉勤多善政有諭士民書見存

張垌永樂十三年至重修縣治

池真正統三年至

吳昌正統五年至

皇甫貴景泰四年至

朱淸成化十三年以兵科給事中左遷至

王凱成化二十三年至未幾坐罷免去見學校志

龍爺古四川夔州府新甯縣人由進士宏治八年六月至

仙居知縣

王從古洪武初至重建縣治修理文廟

張約永樂九年至

劉志方成化十七年至參學校志建號房廣學制

李經廣東廣州府新會縣人由舉人宏治九年閏三月至

宏治赤城新志卷十五

甯海知縣

李茂洪武初至見方正學林君墓表

王士宏洪武五年至時學校未設士宏首加風勵暇日置酒拔秀民之尤者較藝等第之相與論文賡詩作其士氣初靖海倭吳禎悉起方氏三郡兵不實者徇以軍法又有自相仇怨連及者士宏奮曰死則死耳忍使民為兵哉即飛章以　聞情詞哀懇上為罷之三郡悉賴以安

顧諲永樂中至重建學見學校志

張韶景泰中至適歲大饑民多莩死韶先發預備倉儒學倉賑之然後奏聞既又抽己俸煮糜粥以食之民賴存活者甚衆

郭紳成化十三年以進士至廉勤公正吏民畏服見義必爲無所顧忌訪求方正學族屬教育之至修其祠刻其文以傳於世大夫士莫不歎其高而服其難

張宏宜成化十八年以進士至尋遷監察御史未幾降爲州判官

潘杲常州人由舉人宏治六年八月至

太平知縣

常完成化六年至時縣治初設百凡經理營建悉出其手未幾坐罷免去

袁道成化十年以進士至存心正大涖政廉平興學校卹民隱

修水利抑姦豪數年之間詞訟清盜賊息邑西樂淸民聞其風皆願屬焉因奏割其東南凡六都以附岔之今有去思祠
丁隆成化十七年以進士至尋遷御史未幾降爲州判官
劉用成化二十年至才旣不足而簠簋之飾又不及丁人皆願其亟去未幾以憂歸
樊軒宏治三年至覩劉岔復不及而袁之政於是岔大壞矣逃職以素行不謹去
羅政江西新喻人由進士宏治九年四月以黄巖知縣起復至

赤城新志卷之十五終

後學黄巖王棻校注
建陽周延祚刊
餘杭孫樹義校

赤城新志卷之十六

官守三　教官

官以教名教化所自出闇師黨正古先聖王所不敢輕而况州邑之間哉後世乃或視爲閒官漫不加意亦何怪乎爲之者之不知其難也知其難則不得不盡其職職盡而人不之錄焉將必有任其責者此學校之官雖不可勝錄錄其賢者以示勸固亦郡志之所不可缺也歟

宋

戴槃端平二年教授見陳耆卿增學田記

楊點淯祐二年教授見塗田記及沂詠堂記

賈南金淳祐五年教授有釋奠祭器頌

王宗淳祐六年教授建六賢祠見祠記

邵囦郡人咸淳十一年爲州教授元兵臨城火侵學宮端坐而死案咸淳盡十年其十一年乃德祐元年也元兵臨城當在德祐二年乃元至元十三年丙子也

元

應同孫甯海教諭至元二十六年重建學見學校志

沈桂甯海教諭見舒岳祥建學記

朱安宅甯海教諭見舒岳祥記

孫鈞甯海教諭見舒岳祥記

李洧孫甯海人爲縣教諭在至元二十九年見舒岳祥記

許衶元新安人至元中教授見程文海明道堂記

王去疾元貞初年教授見史孝祥修學記

程郇延祐三年以將仕佐郎爲郡教授挪大成殿造樂器案程郇修學記有上蔡山長貢師文附識於此

馬端臨至治三年爲郡教授著文獻通考今行於世

貢師中元統時任郡博士見元統志序

吳適元末教授見景福殿殘碑

梁志道臨海教諭著四書通記毛宗澄案臨海縣志梁耐翁字可久志道子錄事司人至元間任教諭嘗修葺學宮所著有四書通記依梁伯純墓碑正据此則此云梁志道者誤也棨案學校志亦言學官梁志道

周仁榮郡人甯海教諭治易禮春秋三經而工爲文章終集賢

待制

陳子章臨海人孚之孫至正二十二年由浙右肅政廉訪掾署台州教授其從父謹之嘗爲郡錄事判官陞浙江儒學提舉見羽庭文集案謹之子章皆字也未詳其名

國朝

胡繼善洪武初臨海教諭重建學宮見學校志

林原亮清漳人洪武十七年教授見孟士厔題名記

詹克成洪武二十五年爲臨海教諭學舍傾圮捐俸修葺

俞宗愷洪武初爲甯海教諭德行文章重於一時見遜志齋默庵記

黃縉成化中爲太平教諭節縮學費立鄉賢祠碑自有縣以來
任教職者類不及縉今教道日廢故人益思之
儲懋永樂中府學訓導後歷吏科給事中終戶部侍郎
王原彩太平人仙居訓導永樂初以翰林修撰死節於廣德今
祀鄉賢祠案原彩名叔英時太平未立縣嘗云黃巖人今祀太平鄉賢祠建文四年死節以革除故稱永樂初
許繼洪武中爲寗海訓導力學正行尤善於詩有觀樂生集行
於世
楊資宣德三年黃巖教諭見巫淮修學記
孫友恭宣德九年黃巖教諭見黃淮記
晏甯宣德中黃巖訓導見黃淮記

胡球宣德中黄巖訓導見黄淮記

應志和太平人正統中府學訓導善教能詩未幾以憂去復除

蘭陽終番陽教諭今蘭陽有生祠

尹仁器成化中府學訓導捐俸買地建鄉賢祠終蜀府長史

裴𤄊太平訓導見章綸太平縣治記

張奎太平訓導見章綸記

涂恕成化十三年臨海教諭見楊守陳修學記

赤城新志卷之十六終

後學黄巖王棻校注　建陽周延祚刊　餘杭孫樹義校

赤城新志卷之十七

官守四 縣屬官

卑職冗員世固有達官名流發迹假道於此者況郡邑下位皆親民之官苟賢矣亦烏得而不錄錄之匪徒示勸亦以愧夫不仁而在高位者

○宋 原缺今補

陳求魯臨海縣尉見吴子良清風亭記在紹定三年

邱一夔黄巖縣丞見慶善寺鐘款在淳祐十一年

國熺老黄巖主簿見慶善寺鐘款

葉發黄巖尉見慶善寺鐘款

劉怡仙居縣丞以承事郎至在寶祐年見顯慶寺鐘款
邢翔鳳仙居縣丞以迪功郎至在開慶元年見顯慶寺鐘款
楊昌朝仙居主簿迪功郎見顯慶寺鐘款
侯鑑仙居尉迪功郎見顯慶寺鐘款
余世貴仙居巡檢承節郎見顯慶寺鐘款
王曁字文昌四明人天台尉能詩見浩然齋雅談

元

周汝弼甯海縣丞嘗修學見舒岳祥建學記
孫天錫甯海縣丞至元二十六年重建學見學校志及舒岳祥記

林興祖以進士同知黃巖州廉而愛民境内大治有循吏之名案元史良吏傳興祖字宗起福州羅源人至治二年登進士第授承事郎同知黃巖州事當次胡長孺黃溍後

胡長孺甯海主簿浙東大祲宣尉司議行賑荒之令斂富人錢給之同知脱歡察以餘錢屬長孺藏去案去上聲亦藏也長孺察其有乾没意悉散於民後脱歡察雖怒不敢問仕至兩浙鹽運使所著有瓦缶編顔樂齋等集案元史儒學傳長孺字汲仲婺州永康人至大元年轉台州路甯海縣主簿階將仕佐郎所載政績甚詳延祐元年轉兩浙都轉運鹽使司長山場鹽司丞階將仕郎以病辭不復仕考百官志鹽運使司秩正三品鹽場司丞從八品長孺由主簿轉鹽司丞非運使也

黃溍甯海縣丞甯海地瀕鹽場亭戶恃其不統於有司肆毒害民編戶隸漕司者亦横暴溍痛繩以法後仕至侍講學士謚

文獻有文集行於世案元史本傳溍字晉卿義烏人中延祐二年進士第授甯海丞所載政績頗詳

張國用臨海縣丞以承事郎至見靈溥廟碑在元統三年

賈汝霖臨海主簿將仕郎見靈溥廟碑

朱圭澄江人臨海典史元統元年六月不雨圭齋祓禱於赤頰潭得雨歲以大有明年夏復旱往禱如初厥應不爽乃闢舊址作新廟郡人泰不華爲之撰記見靈溥廟碑

杜貞臨海典史見靈溥廟碑

張思深臨海典史元統三年至見靈溥廟碑

國朝

王謙臨海縣丞居官清愼愛民如子信國公湯和按郡獨加稱

賞去官之日行李蕭然父老多追贐之一錢不受

吳文義黃巖縣丞廉勤奉公吏民畏服後陞五軍都督府斷事

孫斌黃巖主簿涖任勤敏疏濬河道重建迂浦永豐二閘至今民猶賴之 洪武初至

朱允祚天台主簿廉介公平去有遺愛 洪武初至

唐伯逸仙居典史涖政公廉撫民有方嘗自歎曰若取小民財物如鷺鷥股上割肉後以憂去陞縉雲知縣

周公輔寧海縣丞持身公廉愛民如子邑有瀕海塗田五十餘頃民苦廢稅公輔以其事聞按實將爲剗革會工部檄布政司令縣役民二萬東築象山縣隄西浚黃巖縣河大府吏

肇督嚴甚公轉曰吾縣隄防河道無慮數十所以歲荐饑未易勞民今忍驅之以事鄰邑乎復欲飛章上聞而同僚難之乃歎曰上不能匡君下不能救民奚用生爲吾聞古有屍諫以悟其主者吾死吾同僚甯不少悟以聞於上乎遂自經死邑民皆走弔相哭失聲曰清官亡矣吾民復何所恃耶大夫士莫不悲之

李誠甯海縣丞嘗修學見學校志

潘珍甯海縣丞相繼修學見學校志

林同天台典史至任之日適值歲饑親詣鄉都撫綏勸富戶出粟賑糶民賴以全後陞吉安推官

卓宜臨海主簿重拓學基修建廟學正統中至

何海黃巖主簿見李匡金淸閘記

魁輪黃巖主簿見李匡記

王艮臨海典史由進士以刑部主事左遷

賴世隆府經歷由進士以翰林編修左遷

張汎臨海縣丞見楊守陳上蔡書院記在成化五年

齊禮太平縣丞淸謹自持未幾以憂去行李蕭然贐禮亦卻不受

史馴太平主簿見章綸太平縣治記

王琮太平典史見章綸記

范亮太平縣丞慈祥廉慎勤恤民隱以奏荒事忤當道罷去去之日民不忍舍相率贐之一無所受

赤城新志卷之十七終

後學黃巖王棻校注建陽周延祚刊餘杭孫樹義校

# 赤城新志卷之十八

## 職役

自大夫士以至於府史胥徒在古皆有常職常役以食於公食於公以其有益於家國天下而吾民賴之以安也曷嘗有後然於職役之閒而反厲民以自養者哉後世胥史類皆賤役不足責苟所謂大夫士如今之守令者皆能職思其居而不與之爲市則彼固無自以竊其權而售其姦矣吾民亦安有嗷嗷無告若是其極者哉作職役志以見　朝廷設官分職之深意昔之所役如彼而今之取給者乃如此庶幾有畏法循理而留念於吾民者也

本府 此以國朝官制修前代不載各縣倣此

知府一員正四品月支俸米二十四石皁隸六名馬戶三十名

馬戶自知府以至首領等官皆同

同知一員正五品月支俸米一十六石皁隸四名

通判一員正六品月支俸米一十石皁隸四名舊有水利通判一員裁革已久今復設管糧通判一員蓋皆古之所謂添差所謂員外置也

推官一員正七品月支俸米七石五斗皁隸二名

府堂額設直堂皁隸二十八名添設二十七名弓兵二十二名

經歷司經歷一員正八品月支俸米六石五斗知事一員正九品月支俸米五石五斗皁隸各二名

照磨所照磨一員從九品月支俸米五石皁隸二名檢校一員未入流月支俸米三石皁隸無

儒學教授一員從九品月支俸米五石訓導四員未入流月各支俸米三石學分四齋額設生員廩膳增廣各四十名其餘謂之附學自附學而退者今又謂之社學蓋已不啻三倍其數矣齋夫八名膳夫四名門子八名庫子六名斗級四名

司獄司司獄一員從九品月支俸米五石額設禁子一十五名添設一十名

稅課司大使一員從九品月支俸米五石副使一員未入流月

支俸米三石

廣積庫無官吏一名庫役四名

織染局大使一員從九品月支俸米五石副使一員未入流月

支俸米三石

永盈倉大使一員從九品月支俸米五石副使一員未入流月

支俸米三石斗級二十八名

醫學正科一員從九品

陰陽正術一員從九品

僧綱司都綱一員從九品

道紀司都紀一員從九品副紀一員未入流

批驗所大使一員未入流月支俸米三石工腳二十名

赤城驛驛丞一員未入流月支俸米三石驛夫二十八名館夫一十四名

府六房司吏十名每名月米三斗典吏二十名承發房二名架閣庫一名經歷司一名照磨所四名儒學稅課司司獄司織染局永盈倉批驗所赤城驛各一名通計四十四名其餘者謂之聽缺蓋已無慮三倍其數吾台吏與生員之盛前此未有過之者也以一府而推則餘縣可知矣雖天下亦從可知矣於乎其甚也哉

六縣

縣各知縣一員正七品月支俸米七石五斗皁隸四名馬戶三十名今之所取盖不止此而其所需亦不徒應役而已於乎是豈獨知縣然哉亦豈獨縣官然哉

縣各縣丞一員正八品月支俸米六石五斗皁隸二名黃巖舊有收糧縣丞一員今已裁革案今猶稱縣丞爲糧廳盖以掌收糧故也然糧久由縣收矣

縣各主簿一員正九品月支俸米五石五斗皁隸二名馬戶自知縣以至典史各三十名

縣各典史一員未入流月支俸米三石皁隸無

縣各儒學教諭一員訓導二員俱未入流月各支俸米三石學

分二齋額設生員廩膳增廣各二十名附學者不知其幾而黃巖太平蓋其尤盛者也每學額設齋夫四名膳夫二名門子四名庫子四名斗級四名

臨海連盤等二巡檢司案明史地理志臨海東有蛟湖巡檢司遷治海口陶嶼又有連盤巡檢司遷治海口長沙俱仍故名巡檢二員俱從九品月各支俸米五石　廣儲錢四倉倉大使四員河泊所大使一員杜瀆鹽場大使一員俱未入流月各支俸米三石　陰陽訓述一員醫學訓科一員僧會一員道會一員六縣同亦俱未入流　六房司吏七名名各月米三斗典吏十四名承發架閣鋪長儒學巡司各一名倉攢四名縣廳額設皁隸十名添設九名弓兵三十名禁

子七名庫子二名門子四名巡檢司各額設弓兵一百名添設囚兵五十名鹽場工脚七名四倉斗級共二十五名預備倉看倉大戸四十四名

黃巖長浦巡檢司巡檢一員從九品月支俸米五石吏一名弓兵一百名囚兵五十名　丹崖驛驛丞一員未入流月支俸米三石吏一名驛夫二十八名館夫一十二名　河泊所大使一員未入流月支俸米三石吏一名網甲七名預備倉看倉大戸二名際留倉斗級四名　縣六房吏皁隸弓兵禁子門子庫子學吏齋膳夫俱與臨海同獨布按二分司門子各四名蓋與諸縣同臨海則以附郭統於府而不設也

天台無巡檢司案明志西有胡竇巡檢司廢縣吏皂隸門庫蓋與各縣同獨公館門子四名仙居太平皆有之以無驛故也

仙居田市巡檢司案明志西有田寺巡檢司後廢巡檢一員從九品月支俸米五石吏一名弓兵一百名　六房事簡吏止十八名承發鋪長架閣儒學俱如各縣存留預備倉看倉大戶共八名

甯海長亭等五巡檢司案明志東有越溪又有長亭北有鐵場南有曼嶴東南有寶嶴五巡檢司巡檢五員俱從九品月支俸米五石吏五名弓兵五百名四兵二百五十名　白嶠等三驛案公廨志白嶠驛在縣城桑洲驛在縣西六十里朱家嶴驛在縣西南一百二十里俗呼桐巖驛驛丞三員俱未入流月支俸米三石吏三名驛夫各二十八名館夫各一十二名　鹽課司大使一員

未入流月支俸米三石吏一名工腳七名　稅課司大使一員未入流月支俸米三石吏一名　縣六房吏二十七名承發以下並同諸縣

太平盤馬等五巡檢司案明志東有盤馬西有三山又有蒲岐三巡檢司南有沙角本治岐頭山下西南有小鹿遷治楚門所之橫山後西有溫嶺巡檢司廢巡檢五員俱從九品月支俸米五石吏五名弓兵五百名四兵二百五十名　廣盈倉等四倉大使四員俱未入流月支俸米三石吏四名斗級共二十五名　黃巖場大使一員未入流月支俸米三石吏一名工腳七名　際留倉斗級四名預備倉大戶六名縣學等吏益與臨海同餘不復贅

有府縣并所屬衙門額設隸兵等項通計二千四百八十九名此皆取給於民而役於官者也獨皁隸又有所謂撮辦投衙積年諸名色而其直堂直聽者則直取之而不以爲過於是又有所謂民快所謂機兵所謂應捕者以供其奔走差撥之役於乎吾民之不堪也甚矣奈之何哉

里長臨海一百五十里黄巖八十三里天台二十九里仙居九十五里甯海一百一十三里太平八十四里里每十戶一戶甲首一名歲輪一戶應役十年而周謂之正役謂之遞年舊例止令輸納物料供給差使而已今則百凡官府所需悉出於此縣取於里里取於甲而府又取之縣蓋視景泰天順間

已不啻其幾數十倍矣厥後有憤其弊者乃更爲丁田之制今田既詭寄丁亦隱匿而官府但隨其見在以爲科派丁田之外又倡爲貼解水腳諸名色陽予陰奪而民莫敢知其數名雖更而弊益甚矣於乎其亦如之何哉里又五年一差謂之均徭自兵隸以至門庫凡官府之應役者皆是舊例下戶與凡有役占者不差今盡取之至擇其上戶歸之於官謂之空閒而取直焉二役交征於是下戶無逃生之地而中戶以下亦且十耗七八於乎是豈 朝廷立法之意端使然哉亦豈圖吾民之生至是極哉

糧長舊例縣凡幾區區凡幾名有正有副擇里之丁糧相應

者爲之謂之承充以催税糧今更以都爲限都一名或二名或三五名歲輪爲之税糧之外亦時有所取給有所差撥則其勢亦不得不漁獵於民矣

坊長即里長之附郭者日夕奔走於官官有所需急則必於此取之蓋凡所謂里長者皆爲之管攝則其予奪之權得以上侵於官下欺於民亦其勢然也

老人舊例里各推一人年高有德者爲之以理民事以助官府之不及數十年來惟利是圖人皆爭先競取所謂有年德者類所不屑而名在實亡久矣於是又立爲公正等名名愈佳而實愈弊於乎有司者不知所以反其本亦安用是爲哉

總甲都凡一人或二三人其下有小甲有火夫隨鄉村遠近大小各立更鋪以防火盜今更鋪廢壞殆盡惟驅以役作而因之以凌轢侵漁於下者亦多矣爲今之計莫若修復

國初十家牌之法以默寓古者比閭族黨之意使之出入相友守望相助不惟互相覺察以免於惡抑且互相勸戒以入於善如此則政化成風俗美民可不勞而治矣孰謂火甲更鋪之法不可推而爲化民成俗之道哉特爲之在人耳

書算縣有總書都有里書里有壕手皆所以掌田糧戶口而籍之於官者也今雖有積年之禁而其姦心詭計陰相授受已非一日欲一一而究之誠有所不易也是故以壕手之移

丘換段而言則有力者以官爲民無力者以民爲官其丈量流水之在淇武者不知其幾更而幾易也欲取而證之可復信乎以里書之故富差貧而言則或以絕戶爲里甲或以官戶爲寄莊其黃册圖眼之在官府者不知其幾增而幾減也欲憑而信之可復得乎以至總書之[illegible]則又有不可勝言者尅合勺以爲升尅升斗以爲石則號爲突額以賣於人於是有有田無米而得以免稅糧之輸者矣寄以民田之十收以官田之一則名爲重糧以欺於官於是有有米無田而得以免丁田之役者矣田沒於圖而糧掛於戶糧額僅存而田數莫考其强者固與官爲市而狼貪虎噬其弱者則俟民之隙

而鼠竊狗偷上之人固有欲革其弊而不知者亦有明知其弊而不革者顧嘐嘐然以號於人曰必丈量必割土而後可於乎丈量割土固其所也安有無流水之底籍據見在之圖眼以一聽此輩之指麾而可以清民之田糧者乎吾見其弊之革未能以十一而弊之生已不啻於千百矣大哉我

聖祖之言曰殺一書算手勝齋十萬僧於乎今之有司胥辟能

上體我　聖祖之心以下分吾民之憂者誰乎

赤城新志卷之十八終

後學黃巖王棻校注建陽

周延祚刊餘杭孫樹義校

# 赤城新志卷之十九

## 宫室

昔人以洛陽園苑之盛衰而卜天下之治亂則夫宫室之於郡邑固亦盛衰之候也烏得而不志之哉故斷自舊志以迄於今凡官府民庶之所建立有關於政治風教與夫日用觀省之助者皆據實以書若乃高堂廣廈祇以爲妻妾之奉子孫之謀者在吾志固有所不暇也由是而推則其興作之當與否亦略可見矣若然又奚止於郡邑盛衰之候而已哉

齊政樓在府治南一百步宣德九年程守賢建宏治壬戌馬守岱徙置府治前而重新之

景德堂在黃巖縣學舍之北襄陽范筌有記今廢

瞻節堂在郡城朝天門外元泰定間郡守（當稱）總管趙鳳儀建今廢

東山閣在郡治東天順八年邢守宥重建自爲記

共樂堂在郡城東湖舊名知樂宏治丁巳陳守相重建改今名

翠微閣在郡城巾山上宋寶祐中知州趙與譓建（州原作府誤）

皇華館即天台館在府治南一百三十步宋紹定中倉使葉棠建今廢

澄江館在黃巖縣東北宋紹定初建今廢

觀德亭在寧海縣學明倫堂後正統十三年建

薰風亭在東湖舊名流杯宏治丁巳陳守相重建改今名

旌善亭在太平宋咸淳間爲旌表陳宇建遺址尚存未詳

退省軒在府治後成化中葉守贊建今廢

思補齋在府治後宏治四年馬守岱建

崇魯堂在太平江綰孔訥記

影堂黃巖西橋趙氏建朱文公書扁

謳部車氏祠堂車玉峯若水建

柔極黃氏祠堂黃壽雲超然建

葛村諸葛氏祠堂諸葛雷奮建原脫氏字

大澧潘氏祠堂潘雙溪景大建

西清道院在黃巖縣柔川黃超然建自爲記今廢

新田書院在甯海宋石斗文建

讀書堂太平洞黃黃軻建葉水心有詩

收春堂虞山邵氏建鮑原宏記 案虞山郎虞奥在太平

悅親堂太平陳子安建陳鏗翁記

巾山草堂臨海張定谷建方希直記 案希直名孝孺

綠猗堂臨海城門張哲齋建文信公有詩 案哲齋名和孫

瑞竹堂黃巖東浦趙孟誠建梧陽張熙記

莞山草堂太平陳氏建方希直有詩

春暉堂郡城馬氏建徐一夔記

貞則堂在太平縣趙奥封翰林編修謝世衍建劉定之記

梅桂堂臨海盧守仁建商閣老輅有記

敦睦堂黃巖大澧張氏建宋景濂記

施義民祠堂在黃巖縣慶善坊施永鉉建

葛義民祠堂在黃巖縣西橋上葛從茂建

謝太守祠堂在太平縣桃溪致仕太守謝省建

黃亞卿祠堂在黃巖縣西街工部侍郎黃孔昭建

謝翰林祠堂在太平縣趙奧封翰林編修謝世衍建

錦川蔡氏祠堂蔡乎丌建黃淮記案乎丌名智棍

西橋葛氏祠堂在黃巖縣西橋上葛希濟建

莞嶼趙氏祠堂太平趙維石維楊建葉黼記案莞音官今稱冠嶼或作關嶼

雲浦金氏祠堂太平義官金聚淵建

羅洋余氏祠堂黃巖余廷信建侍講杜甯記

河邊葉氏祠堂太平葉宗文建

柵橋盛氏祠堂嘉定州同知盛崇仁建

萬卷樓臨海松里陳氏建王子充記案子充名褘義烏人

明德樓天台張可敬建周伯溫篆額

憑遠樓天台韓茂常建王原釆記案原釆名叔英

集怡樓黃谷春建案谷春名德深見商輅松塢黃公墓表

魯青軒太平孔克瑜建鮑原宏記

貯清軒臨海包仲游建方希直記

桂軒　甯海葛養心建方希直記

宜隱軒　甯海陳好義建方希直記

觀瀾軒　黃巖汪貴中建林公輔記

藏器軒　天台李宗魯建方希直記

松桂軒　太平黃谷春建　陳鑑翁記見赤城後集

駕鼇軒　太平林周民建郭德茂有詩　案郭德茂名檟

來鶴亭　在黃巖委羽山元末劉德元建今廢　案德元名仁本

秋崖亭　在黃巖羅洋余宏德建以爲會文論詩之所所著有秋崖集

遠庵　黃巖甯溪王氏建朱文公書扁　案赤城後集有陳永年遠庵碑記在慶元三年丁巳

謝家庵在黃巖方山謝知府省之祖庵今廢

寓庵在甯海閬風里宋葉子由築四明樓鑰記

思庵在黃巖方山施氏建杜清獻書扁今廢

蒙庵在甯海縣西宋隱士王度建于有成記

會緦庵在太平桃溪山今謂之緦山山之上有望海仰高采藻

三亭李學士東陽諸公有詩侍講陳音爲之序

存思庵在太平縣莞奧陳彬建以奉其祖考墓祭者旁有書院

彬嘗講學於此士之從游者以百數

錦屏庵在太平翁奧謝原師建以奉其母墓祭者原師亦葬於

此

遺後庵在太平瓦嶼鄭存高昆季建以奉其父墓祭者夏進士鏌爲之記

裕遠庵在太平洋奧山今謂之大夢山李閣老東陽有記

終慕庵在太平洋奧陳麟昆季建以奉其父母墓祭者其弟鶚嘗於此廬墓三年鄉人又呼爲陳孝庵

雪齋在甯海縣闉風里宋劉次高所建于有成爲之記

知學齋天台徐一夔建王子充記卷六 案朱右亦爲之記見白雲稾

兼靜齋在甯海黃壇楊氏建舒岳祥有詩

傳經齋甯海方希直建自爲記今廢

南齋臨海陳德良建方希直記

石鏡精舍䆁海童伯禮建方希直記

赤城新志卷之十九終

後學黄巖王棻校注建陽
周延祚刋餘杭孫樹義校

# 赤城新志卷之二十

## 祠墓

入其祠而凛然，則尸祝之過，其墓而淒然，則封築之，必其人生而有可重，故其沒也不敢忘。若乃非鬼之諂，速朽之譏，固祠墓之恥也，亦烏足與論於此哉。用是不敢妄著，著其可存者，則不著者從可知矣。

### 祠

府城隍廟，在府治，東北大固山下。舊俗相傳以爲屈城隍，蓋以其地爲屈晃故宅，而其子坦有靈異故也。

義靈廟在郡城南天竺院，祀宋滕戶曹膺，舊在城外西北郊，俗

呼爲滕公廟每歲春秋有司致祭宏治改元以迫於道傍穢瀆不稱神棲徙今地

六賢祠在府城宋淳祐六年建祀金部郎鹿何知南康軍石子重名墪戶部侍郎商飛卿郭正肅公磊卿國子司業陳耆卿丞相杜淸獻公範吳子良記今廢

王烈婦祠在府東南三十步宏治三年馬守岱建祀康功王烈婦而自爲之記又於其死所姜巖之側亦立祠焉

臨海縣城隍廟在縣治東北一百步

崇節廟在臨海縣東南六十里元末總管當作達魯花赤達兼善與方谷珍戰死於此順帝命立祠祀之賜今額案達兼善戰死處在黃巖縣東北五

里唐門山其墓亦在山麓非臨海縣地也當時順帝雖有此詔而地爲方氏所據未必立祠至　國朝光緒丁酉闢令鍾衡始從優貢江青之請乃建祠焉

紫巖祠在臨海縣元儒周潤祖號紫巖隱居教授既老旌召之命始下而潤祖卒後人思之因卽其地以祀陳德永爲之記今廢

黄巖縣城隍廟在縣治東三十步洪武九年縣令李震亨建成化丙午燬於火令鄭達復建之

杜清獻公祠宋淳祐中黄巖縣建在縣學中淳祐八年令趙必适建

天台縣城隍廟在縣治北二百步洪武二年縣令鄧林建

仙居縣城隍廟在縣治東六十步洪武三年縣令王從古建

忠烈廟在仙居縣南元吳仲修爲黃巖州同知處盜來寇與之戰不屈而死故祀之縣尹虞俊民記案虞俊民忠孝坊記吳揚字仲修至正十三年署黃巖州判官命守台城十六年春處州睦溪盜起犯仙居陞同知州事總制其鄉之義兵戰於羅漢潭遇害立祠旌之十八年正月祠成贈黃巖州知州廟曰忠烈易其坊曰忠孝坊子熅襲爵壽縣尹炘佐處州幕

甯海縣城隍廟在縣治東南三百步成化中縣令郭紳重建

梅長者祠在甯海晉梅盛當劉宋篡立時嘗隱於此後人祀之方希直記

陳長官祠在大成殿西祀吳越時陳長官元主簿胡長孺建以羅適洪皓皆邑之先哲名宦并祀於此成化中縣令張宏宜又增祀葉西澗方正學二公而并新其祠

赤城先生祠在甯海祀羅提州適元至元中邑人劉正仲等建今廢并入陳長官祠 案正仲名莊孫號樗園宋末隱士

方氏祠堂在甯海成化中知縣郭紳重建以祀方正學父子

洪忠宣公祠在甯海祀宋主簿洪皓

太平縣城隍廟在縣東五百步成化五年知縣常完建

宣聖祠在太平縣江綰孔氏家洪武初孔克鏞爲大名知府謫闕里因建宣聖祠於江綰仍立樂清縣孔氏先德之碑

去思祠在太平縣東四百四十步宏治二年邑民陳儒敷等數十人以前令袁道有善政請於當道而立以祀之 案謝鐸爲記

## 墓

王侍郎居安墓在太平縣十六都大溪山梵安寺後其居第故址尚在有街俗呼爲侍郎街

郭安撫晞宗墓在仙居縣南十里蓮堂山其墓前有種德庵葉水心爲之記

杜丞相範墓在黃巖縣江北靈巖山山上有小洞世傳丞相嘗讀書於此其居第故址亦在山下今呼爲杜家村案杜丞相墓在縣西六十里黃杜嶴今墓旁有牌門村蓋卽丞相墓前牌坊之門也明黃中德杜淸獻公祠堂記葬本縣靖化鄉黃杜嶺之原以鴻福寺爲香燈院又祀典勘合帖文墓在本縣十二都黃杜嶺蓋謝氏誤以黃杜嶺爲黃土嶺故謂在靈巖山也

陳司業耆卿墓在臨海

郭侍制磊卿墓在仙居縣南一里南峯山侍制安撫之子其兄

嚞卿繼一處士之墓亦在焉

舒閬風岳祥墓在甯海

戴大監良齊墓在太平縣南瓦嶼

葉丞相夢鼎墓在甯海東蒼山

車玉峯若水墓在黃巖縣謳韶又謂之儒地

戴石屏式之墓在太平縣塘下 式之名復古

章祕閣敦禮墓在黃巖縣黃奥墓前有存著庵其裔孫主事隰之墓亦在其南

黃壽雲超然墓在黃巖縣柔川 案積庵記其室人墓在何奥則壽雲當亦合葬於此非柔川也

章司戸文禮墓在黃巖縣奥林

陳待制剛中墓在臨海縣案剛中名孚墓在縣南五十里

謝徵士宣制墓在黃巖縣方山成化末元孫寶慶知府省始立墓碑

盛聖泉象翁墓在太平縣三坑山墓上有大松數十其一伐去已六七十年矣而根尚活生意宛然

方知府克勤墓在甯海縣侯城里

陶尚書凱墓在臨海縣長潭

賀侍郎銀墓在臨海縣三山

王修撰叔英墓在直隸廣德州修撰死節於此楊文貞公士奇爲表其墓知州周瑛成化中爲之修砌仍立墓田若干畝立

作置或墓下脫碑字田上脫置字案修撰墓在廣德非邑境也似不當載

戚侍郎存心墓在臨海縣黄瑞案侍郎初葬臨海楓山山塘後移窆黄巖安容山見陳僉事璲所撰墓銘郡邑志無傳其事蹟詳余所纂年譜中

徐少保善述墓在天台縣洪熙初　遣官營造每歲春秋有司致祭案天台縣志在縣東八都楊文貞公士奇志其墓

郭知縣櫕墓在太平縣温嶺

徐侍郎宗實與弟教諭宗茂墓俱在黄巖縣石欑山其從弟主事宗顯墓去石欑二十里在黄土嶺西戍浦嶴案浦當作鋪

魯都御史穆墓在天台縣案天台縣志在縣西北十里百步洋楊文敏公榮誌

王少師一甯墓在仙居縣東管其山景泰中　遣官營造

謝孝子墓在太平桃溪緦山上李學士東陽爲之表孝子名温良

陳檢討璲墓在臨海縣梅浦嶴其子監丞旅墓亦在焉

杜侍郎甯墓在天台縣山口案天台縣志改葬縣北二里錢學士溥志

葉拙訥士冕墓在太平縣案士冕名黼

范侍郎理墓在天台縣西韓墓山成化中　遣官營造

戴孝子守温墓在太平縣小唐嶺成化中邑令袁道爲之營造

林侍郎鶚墓在太平縣東芝嶴山成化中　遣官營造其從弟

僉憲克賢墓在縣南五嶼

夏都御史塤墓在天台縣西北赤城山成化中　遣官營造

魯[illegible]尹崇志墓在天台縣北坐皇山成化中　遣官營造案崇志穆

之子也

陳布政選墓在臨海縣八疊山初布政以忤權姦死於道主事

林沂奏准著有司令其家以禮安葬

黄侍郎孔昭墓在黄巖縣南委羽山宏治四年　遣官營造

赤城新志卷之二十終

後學黄巖王棻校注建陽

周延祚刊餘杭孫樹義校

赤城新志卷之二十一

典籍

郡國所以顯名於天下後世者文與獻也獻賢人是志所謂人物之傑然者是已文典籍又人物之所恃以傳者亦烏得而不志之哉我

列聖御製諸書與凡六經四子頒自　朝廷者固已列之學官無容贅矣若乃先正諸賢之所述作皆吾鄉之舊章所謂文獻之足徵者是用次第列之以備缺遺俾來者得以考焉

赤城志四十卷宋臨海陳耆卿著刻本在內閣林亞卿鶚黃亞卿孔昭家俱有鈔本今重刊於郡齋

宏治赤城新志卷二十一　一

赤城續志八卷臨海吳子良著刻本在内閣今林黃二亞卿家亦有鈔本

赤城三志臨海林表民修今亡

天台圖經宋之瑞著今亡

赤城元統志楊敬德修今亡

赤城集二十八卷林表民輯刻本在内閣林黃二亞卿家俱有鈔本今重刊於郡齋 案今刊本只十八卷

天台集林詠道輯今亡 案今從四庫錄出計前後集別編共一十三卷

章安集臨海楊蟠著今亡 案蟠本處州人僑居杭州因集名章安故誤以爲臨海人不知處州亦漢章安縣地此蟠所以名集之意也

羅提刑集亦名赤城集甯海羅提刑適著又有易説今其家有

鈔本

五經論黄巖車隘軒似慶著今有鈔本

閒居録隘軒著杜清獻序今亡

委羽集黄巖左緯著今其家有刻本

湖山集仙居吴康肅公芾著刻本在内閣

骨鯁集臨海陳侍郎公輔著今亡

南湖文集黄巖杜良仲著車玉峯序今亡 案良仲名煁

江東天籟天台劉知變知過兄弟著號二劉詩集有鈔本吴子

良爲之序

中庸輯略臨海石子重著今亡案子重名墪其書本名集解朱子删爲輯略今存

勁正集臨海陳獻肅公良翰著今陳監丞旅家有鈔本

劉黄陂集甯海劉傚著

經說語錄仙居吳文學梅卿著今亡

清獻集杜丞相範著刻本在內閣今林黄二亞卿家有鈔本

煙村漫稿甯海葛炳奎著

克齋集臨海董楷著今亡

方巖集黄巖王侍郎居安著今亡其半

漫齋稿仙居郭晞宗著今其孫端朝家有鈔本

宇宙略紀黄巖車玉峯若水著今其族孫教諭廣家有鈔本

山南集甯海王應高著案山南一作南山

兌齋集仙居郭磊卿著今其家有鈔本

石屏集黃巖戴式之著其孫鄉進士通家有舊本今重刊於六安州案式之名復古

世運錄玉峯著廣家亦有鈔本

道統錄玉峯著王文憲公爲之序今亡案文憲王柏謚

宂稿十卷玉峯著今黃巖諸家有鈔本

通鑑音注二百九十四卷甯海胡三省著今南京國子監有刻版

內外服制黃巖車經臣著今其家有刻本案經臣名垓服制下當補通釋二字

經傳雜志臨海陳宗儒著今亡

論孟紀蒙陳耆卿著今亡

篔窗集陳耆卿著內閣有刻本

荆溪集吳子良著今亡

泉溪集黃巖戴大監良齊著林亞卿家有鈔本

太極圖說臨海戴亨著今亡

近思録補註戴亨著今亡

閬風集甯海舒岳祥著今其家有刊版

西澗集甯海葉丞相夢鼎著今其家有鈔本

壽雲集黃巖黃壽雲超然著今有鈔本

和陶集甯海蔡安仲著舒岳祥序案蔡安仲當作劉正仲名莊孫序見閬風集

甲子文集五十卷臨海陳天瑞著今亡案天瑞效淵明書甲子耳非以此名集也當作古堂文集又兩浙金石志陳天瑞月巖詩刻題至元癸巳則古堂未嘗不書元年號矣

周易通義黄壽雲著今有鈔本

周易會粹臨海楊明復著今亡

尙書暢旨楊明復著今亡

周少師集二十卷甯海周弁著今其家有鈔本

穀城稿黄巖黄子約著今亡案子約名宏壽雲從子也

靜習集十六卷甯海洪擬著今其邑有鈔本

詩學發微楊明復著今亡案此書當次周少師集之前

雲壑集王大卿齊輿著葉西澗夢鼎序

天台郡志元章嘉修今廢

燒痕稿甯海王達善著舒岳祥跋跋原作敘案閬風集有此跋達善似奉化人當更考之

一瓢稿仙居翁森著又名此盧先生集今有鈔本

輟耕錄天台陶九成著有刻版在建陽書坊案九成名宗儀黃巖人書凡三十卷

玉堂稿臨海陳剛中著案剛中名孚

觀光稿剛中著

安南稿剛中著已上三稿俱有刻本在江西

易象占臨海周敬孫著今亡

霽峯文集甯海李洧孫著有鈔本案此書當次周敬孫前使敬孫三書得以連類而志也

尙書補遺敬孫著今亡

春秋類例敬孫著今亡

性理本旨黄巖孟夢恂著今亡

四書辯疑夢恂著今亡

漢唐會要夢恂著今亡

聖泉集黄巖盛象翁著今亡案此書當在筆海雜錄後使夢恂四書皆以類次

筆海雜錄夢恂著今亡

紫巖稿臨海周潤祖著今有鈔本

兩峯嶄草黄巖陳叔夏著今有鈔本不全案叔夏名德永

帚金稿甯海葉栖麓著今有鈔本案栖麓名敬賛居臨海夷仲志仲其子也見台詩三錄

潘先生集黃巖潘省中著今有鈔本　案省中名[illegible]修

四梅集甯海葉兑著今俞主事穩家有鈔本

蘭莊集臨海葉夷仲著今有鈔本　案夷仲名見泰栖麓之子

白雲稿臨海朱長史右著今有刻版在上虞

唐宋六先生文集朱右編今亡

始豐稿天台徐教授一夔著今有刻版在杭州　案當次列代統紀要覽後

春秋類編朱右著今亡

歷代統紀要覽朱右著今亡

汗漫稿甯海方克勤著今亡

樗園稿甯海郭士淵著今亡　士淵名濬

操縵稿甯海王修德著 修德名琦

陶尚書集臨海禮部尚書陶凱著今有鈔本

暢軒稿黃巖郭德茂著今其孫端朝家有鈔本 德茂名樌

靜學集黃巖王叔英著有刻版

林公輔集臨海林右著今有鈔本

遜志齋集四十卷甯海方希直著今有刻版在甯海 希直名孝孺

觀樂生集甯海許士修著有刊本 士修名繼

赤城詩集六卷林僉事克賢刊有版在郡齋 案是書謝文肅鐸所編謙不書名耳

赤城論諫錄十卷克賢刊有版在郡齋 案是書亦文肅與黃文毅孔昭同編

尚書該義黃巖郭元亮著今亡

重修台州圖經李淯孫著今亡

土風志甯海胡融著今有鈔本　案胡融字子化宋紹熙間人矣此誤

武昌集甯海鄭士元著

赤城後集三十三卷有刻版在郡齋　案是書即文肅修新志時所編與志相輔而行者也

憂憂集邱應辰著今其家有鈔本

篆書考正辯僞甯海王仲方著　案仲方號方塘方正學爲之序見遜志齋集蓋元末明初人也

東谷集王汝著今亡　案王汝宋人宜次於前

采蘭集金礎著今有鈔本

介石稿黄巖許廷慎著今有鈔本　廷慎名伯旅

伊洛淵源續録王知府瑭刻版在廣信　案是書亦文肅所著以續朱子之書者也

恕庵集黄巖鮑原宏著有鈔本

國朝名臣事略黄巖鄉家有鈔本案是書文肅與黄文毅同著為前集文肅續著為後集

蘭臺稿曹聞著今亡

掬清稿黄巖張羽著今其家有鈔本案張羽字孝翊原本作張翊誤

溪南稿應尚履著有鈔本尚履名崇辭

黄巖英氣國子學錄張粹輯有鈔本

擷古稿張粹著今其家有鈔本

讀史備忘天台范侍郎理著有刻版在郡齋

尊鄉錄節要五卷王知府弼刻版在興化案是書亦文肅所著諸書或作王弼著誤

尊鄉錄詳節十卷劉通判致中黄訓導彥眞刊版在書坊案是書亦

文肅所著

郭氏詩選郭端朝家有刻版案端朝名瑨詩選即其所輯也又名郭氏遺芳集

遁庵集陳檢討璲著今其家有刻版

恥齋稿葉恩著今有鈔本

緦山集七卷謝氏墓亭詩王知府弼刻版在興化案此亦文肅所編

存省稿李考功茂宏著有鈔本

約齋稿章主事暾著有鈔本又有書經提要亦暾著

丹邱小集太平林昉著陸修正有序案林昉元人時太平未分縣當稱黃巖又前元人中

一枝集林璧著有鈔本

野處集太平金如瑁著今有刻本

畏齋存稿林亞卿鶚著有鈔本

介軒稿夏都憲塤著

逸老堂淨稿十九卷謝知府省著張學士元禎序劉通判致中刊

赤城詩集補遺五卷續編入卷俱黄巖知縣李葵刊案亦文肅所編

復庵稿應志和著今其家有鈔本

寶軒集臨海章廷益著

定軒存稿黄侍郎孔昭著有鈔本

王城山人稿謝績著李學士東陽序有刻版

抑齋存稿林僉憲克賢著今其家有鈔本

茅山稿　繆恭著恭宏治初陳朝廷要務六事今在稿中

筠石遺稿　郭端明著今其家有鈔本案端明號筠石其兄端朝號筠心

椒江炳靈集　臨海賀春編今有刊本

贅言錄　參政戴豪著今其家有鈔本

澧川世稿　黃巖張尺輯進士徐鶚序

裨政叢說　夏都憲塤著當次前介軒稿下

默庵遺稿　黃巖楊暹著又有深衣考正亦暹著

赤城新志卷之二十一終

後學黃巖王棻校注　建陽周延祚　餘杭孫樹義校

# 赤城新志卷之二十二

## 補遺

補遺補舊志之遺而未備者舊志不可易矣而復補之何補詳其所急者略其所不急者急者何人物郡邑所恃以輕重官守郡邑所恃以安危非若其他泛泛不急之比是其人於郡邑皆有功而不可忘者則其志之亦烏得而不詳哉是用別爲是編以附新志之末以補其所未備俾後之人得以考焉

## 人物

羅適字正之甯海人宋治平三年進士官至提點兩浙京西刑獄終朝散大夫初爲江都令凡民有訟曲直徑決於前不以

屬吏詿誤若小過輒誨諭遣去黎明視事入夜猶不已居數月政化大行民知其長者不忍欺訟者益少乃出行郊野所過召其耆老問以疾苦及所願欲而不得者爲罷行之嘗有書與蘇文忠公論水利凡興復者五十有五溉田六千餘頃歲或乾溢有禱羣祠輒應如響既滿代去其民思之乃即召伯之東置生祠焉舊志稱其學術有本末通於世務風節懔然國士也嘗再被召見皆以不合罷歸州言前輩大雅必以爲首稱所著有易說赤城集行於世今祀鄉賢祠

徐中行臨海人始聞安定胡瑗講明道學從其徒劉彝得所授經熟讀精思踰年乃歸葺一小室竟日危坐幾於解悟父死

跣足廬墓躬耕養母教授學者必自灑埽應對格物致知以達於治國平天下俾不失其性不亂其倫而後已崇甯中章蔡竊國柄竄逐善類且盡每一聞命未嘗不淚下州守李譔舉應八行科中行聞之盡毀其所爲文入黄巖委羽山中避焉或問之曰八而無行與禽獸等使吾得以八行應科則彼之不被舉者非人類歟既殁陳忠肅公瓘録其行事謂與山陽徐積齊名呼爲八行先生

徐庭筠字季節八行子其學以誠敬爲主夜必就榻而後脱巾平居無惰容無戲色雖僦屋以居而未嘗戚戚孝友天至既免喪猶不忍娶者十餘年秦檜當國試題問中興歌頌庭筠

歎曰今日豈歌頌時耶因疏其未足爲中興者五且曰吾不忍欺君也縣尉鄭伯熊當代去請益庭筠曰富貴易得名節難守願安時處順主張世道伯熊受其言迄爲名臣時有詔舉人五上春官者子岳祠庭筠應格所親勸之行庭筠曰吾嘗草封事請嶽廟宂祿無用旣心非之可躬蹈耶卒不就淳熙閒朱文公熹行部拜墓下大書以表之曰有宋高士二徐先生之墓又題詩云道學傳千古東甌說二徐門淸一壺水家富五車書其見景慕如此今俱祀鄉賢祠

吳芾字明可仙居人紹興二年進士累官侍御史以龍圖閣直學士致仕卒謚康肅朱子謂當紹興之季年天子憤金虜之

憑陵痛神人之羞辱慨然有意收用耆俊以遂中興之烈其所引拔以爲諫諍論議之官者多得直諒敢言之士而吳公又偉然有聞於時者也迨其晚歲竟以剛鯁不得盡行其志退老於湖山之下者十餘年天下莫不高之史稱王十朋吳芾陳良翰相繼在臺府力詆姦倖直言無隱皆事上忠而自信篤足以當大任者惜其不盡用焉所著有表奏五卷詩文三十卷

陳公輔字國佐臨海人政和三年上舍及第欽宗靖康中爲左司諫論事剴切疾惡如仇嘗忤時宰斥監合州稅高宗卽位特起用之極攻王安石學術之禍天下且請官陳東以作士

氣竟與大臣異議不久留官終禮部侍郎所著有奏議骨鯁集凡十數卷今祀鄉賢祠

陳良翰字邦彦臨海人紹興五年進士孝宗時官至敷文閣學士與王十朋齊名卒謚獻肅朱子稱其在州縣勤事愛民號爲良吏及登朝廷直言正色抑邪與正中外倚以爲重隆興中協贊廟謨經營北向之策尤盡其力當是時國勢幾振不幸爲小人所閒比其復來則事已異前日而公亦益老矣然其氣不少衰因事獻言必極其意而後已初公少時聞潘左史良貴廷叱奏事官竊獨歎曰潘公戇矣曷若退而疏之爲得體乎族父禮部侍郎公輔聞而賞之曰子少年而議論及

此異日立朝當必有可觀者願子自愛後卒如其言所著有

勁正集十六卷今祀鄉賢祠

石憝字子重臨海人紹興十五年進士累官朝散郎知南康軍

事早與朱文公熹游文公稱其端慤穎悟不羣年十二即自

知刻意爲學晝夜不怠爲人外和内剛平居恂恂如不能言

者而遇事立斷有不可犯之色爲政一主於愛民而於賢材

之用舍政令之得失一有所聞憂喜之誠形於言色至或累

日不解爲文明白勁切似其爲人有文集十卷藏於家所集

周易大學中庸解又數十卷傳學者舊志稱邑人知洛學自

子重始今祀鄉賢祠

王居安字資道湻熙十四年進士累官工部侍郎龍圖閣直學士初爲右司諫極論韓侂胄竊柄誤國之罪請肆諸市朝以謝天下又疏言古今治本亂皆更爲倚伏人主公聽則治偏信則亂政事歸外朝則治歸內庭則亂問百辟士大夫則治問左右近習則亂大臣公心無黨則治植黨行私則亂大臣正小臣廉則治大臣汙小臣貪則亂如用人稍誤是一侂胄死而一侂胄生也出知隆興府羅世傳等寇亂湖南居安厚賞明罰用以賊擊賊之策斬其首亂者次第討平之卒贈少保史稱居安宅心空明待物不貳埽除羣邪以匡王國其志壯哉有方巖集行於世今祀鄉賢祠

杜煃字艮仲嘉定元年進士歷東陽主簿嘗從朱文公熹十餘年得反躬力索之學自號南湖弟知仁字仁仲亦嘗及朱子之門以文行稱有詩文十五卷易詩等說自號方山友民趙師夏銘其墓曰君少有俊才善爲舉子文曰是不足以爲能乃刻意於詩又曰是不足以爲學遂潛心六經及伊洛之傳曰道其在是吾知所止矣艮仲有南湖先生文集車玉峯爲之序今祀鄉賢祠

趙師淵字幾道號訥齋黃巖人乾道八年進士嘗從朱文公游得其指要文公與之論校通鑑綱目前後凡八書歷官衢南劍甯海軍推官趙丞相汝愚以從班薦有旨與職事官會趙

以讒斥，遂翩然東歸，益究所學，積十餘年不仕。暨詔申前命，以母病添差通判温州，入主將作太常簿、司農太常丞。以論成肅后山陵事不合而去。今祀鄉賢祠。

杜範，字成之，黃巖人。嘉定元年進士。端平、嘉熙閒先後立朝，凡十抗疏（案：《清獻集》奏劄十卷，端平十九，嘉熙十二，又淳祐皆二十四，共五十五疏，佚者不計，此云十抗疏，誤也），剴切不諱，風采屹然，爲天下重輕。天下之人至候其出處以爲休戚。淳祐中始拜右丞相，又連上十二事（案：本集先上五事奏劄，次條具十二事），欲盡革舊弊，以身殉國，未幾卒，謚清獻。史臣黃震謂：「端平大壞之餘，方得正人如杜公，我理宗方傾心仰成，衆弊方條陳更革，乃才八十日而終，其所關係何如哉。」公生有令質至行薄田二頃粗給饘粥雖貴爲宰輔未嘗增尺寸室廬僅庇風雨見者莫知其爲公相之居清修苦節身若不勝衣至臨大事則賁育不能奪也蓋其親得朱子再傳之學於其從祖南湖方山二先生金華王魯齋柏實相與師友王詠霓曰杜公行輩視魯齋爲先朱子門人黃幹傳於何基基傳於王柏則魯齋已爲三傳魯齋以寶祐二年至台在公既殁之後公之門人玉峯車氏與魯齋實在師友之間每有論著魯齋輒驚服之蓋謝文肅誤以玉峯爲杜公矣故其道德勛業有如此者所著有雜文奏稿凡十三卷案宋史本傳其所著述有古律詩歌詞五卷雜文六卷奏稿十卷外制三卷進故事五卷經筵講義三卷凡三十二卷今所傳清獻集詩四卷奏劄十卷書劄一卷序記一卷跋一卷祝文一卷傳一卷凡十九卷皆不止十三卷也今祀鄉賢祠

陳耆卿字壽老臨海人嘉定七年進士官至國子司業博學能

文遠參洙泗近探伊洛周旋乎賈馬韓柳歐蘇曾之閒疆場甚寬而步武甚的葉水心見之驚詫起立爲序其所作以爲學游楊而文張晁也至其獨得於古聖賢者中夜授垂死屬焉而曰吾向語呂公伯恭今以語壽老四十年矣水心既沒壽老之文遂巋然爲一時所宗所著有論孟紀蒙賓窗集赤城志等書今祀鄉賢祠

郭磊卿字子奇仙居人嘉定七年進士端平初拜右正言尋擢右史彈劾權倖無所避初理宗微時與鄞人余天錫善旣即位懷其定策恩旋擢至執政而人材猥劣且門庭穢雜朝論不與磊卿上疏劾奏之曰臣聞鴟鴞入林鳳凰遠去豺狼當

道蹈麟自藏不仁者而在高位則抱道懷德之士莫之敢進矣陛下欲聚羣賢以興至治而股肱喉舌之任乃使庸邪厠跡其間是卻行而求前也章凡三上天錫竟罷去史嵩之三世相位勢可炙手多怙權不法磊卿疏已具俟召對奏之而爲嵩之耳目所得亟除磊卿起居郎磊卿憤不得言徑出國門求去遂鬱鬱不得志嗚咽而卒時磊卿與侍從徐元杰劉漢弼等號端平六君子天下方想聞其風采而皆相繼以没上亦念之不已特謚正肅爲立正諫坊以旌之

官守

辛景晉隆安中爲臨海太守時孫恩作亂自廣陵直寇臨海景

塹郡後大固山以拒之遂擊破恩恩窮蹙乃赴海自沈其妖黨妓妾謂之水仙投水從死者以百數於乎恩劇寇也當是時微景殆不可爲郡則其再造我台之功亦烏得而忘之哉

來濟揚州人唐高宗時同中書門下三品與褚遂良諫立武后高宗怒俱出爲刺史濟得台州未幾移庭州會突厥入寇奮拒以死曰吾罹罪幸不死今當以身塞責噫若濟者可謂烈丈夫矣其風節凜凜所過之地皆足爲重況其所嘗臨莅者乎

畢士安代州人宋太平興國三年吳越納土士安以大理寺丞選知台州上言錢氏所上圖籍皆有司張侈賦數不可信今

湖海新民始得天子命吏宜有安輯願一用舊籍詔從之後爲同中書門下平章事謚文簡史稱士安仕至輔相四方無田園居第沒未終喪而家用已屈其薦寇準以力贊澶淵之捷可謂功在社稷者矣

彭思永廬陵人慶歷五年以太常博士通判睦州時台大水敗城人多溺死檄思永往攝治焉盡葬死者爲文以祭民貧不能葺居者伐木以助之

元絳錢塘人慶歷六年以江西轉運判官知台州州大水冒城民廬蕩析絳出庫錢作室數十區許其自占期三歲以償流民皆復業又甓其城因門爲樐以禦湍漲後太守其法至今

存焉

陳襄福建侯官人慶歷八年爲仙居令政尚教化首辟學校以養士仍爲文以勸教之朱文公取而載之小學終樞密直學士嘗薦司馬光呂公著等三十三人皆極當時之選今傳於世謂之古靈薦稿

滕膺字子勤南京人案宋以河南歸德軍爲應天府建爲南京膺睢陽人今商邱也宣和中爲台州戸曹參軍時睦寇方臘聲震東南守丞以下皆遁膺獨慨然自任即日移書訣其父母昆季而閉其妻子於官舍悉召州人諭以利害人人感泣思奮乃亟下令發兵守險增陴濬隍分屯列栅爲死守計既而呂師囊亦起仙居爲賊響應

先後攻城凡數四膺皆應機設械立摧破之手弓臨城殪厥渠魁賊遂退走而城卒全慶元初州人上其功敕賜義靈廟至今祀焉論者謂其居下位挫劇寇功比辛景而難過之後保南都守陳蔡以抗狂虜乘勝猋銳之鋒勳績尤茂勸進大元帥所陳又皆當時天下大計則其守台之功固非嘗試而幸成者也

趙汝愚字子直宋宗室案居饒州餘干縣淳熙初以著作郎知台州先是城毀於火屏蔽廢徹民譌不甯汝愚至急取壯盛之卒益其廩而寬其程用以修築公無羨費而民不知勞州人賴之仕終右丞相謚忠定史稱汝愚爲相奮不顧身定大計於頃

刻收召名德之士以輔甯宗之新政天下翕然望治其功可謂盛矣

尤袤無錫人淳熙中以著作郎知台州前守趙汝愚修城之工纔十三屬袤成之袤按行前築殊鹵莽亟命更築加高厚數月而畢明年大水更築之壖正值水衝城賴以不沒會有毀袤者孝宗疑之使人密察民誦其善政不絕口乃錄其東湖四詩歸奏孝宗讀而歎賞之遂以文字受知官至禮部尚書謚文簡史稱袤學本程頤所謂老成典刑者立朝抗論與人主爭是非不允不已而能令終完節難矣

黃㽦字子耕豫章人嘉定初知台州勤苦夙夜先勸後禁訟牒

銷縮郡稱平治爲濟糶倉爲抵當庫葬民之寄棲暴露者爲棺千五百置養濟院又刱安濟坊以居病囚皆自有子本錢使久不廢上蔡先生謝良佐子孫流落于台嘗收而教之爲上蔡書院以主其祀至今存焉史稱黄嘗出仕以恤民尊賢爲急可謂知本者矣

赤城新志卷之二十二終

宏治赤城新志卷二十二

後學黄巖王棻校注　建陽周延祚刊　餘杭孫樹義校

# 赤城新志卷之二十三

## 考異

考異考其所以異將以求其同以歸於一以俟定論於後世非敢執以爲是而竊議之也昔朱子讀韓文而别爲考異十卷温公修通鑑而自爲考異三十卷葢缺史慎言固君子之所不廢若乃矛盾以求其必勝枘鑿以求其必合則事雖公而心已陷於私矣夫奚可哉

一城隍之名雖始於古而未始有祀祀之疑自漢唐始葢天地間有一物必有一物之神聚一方之民物而爲高城深池以衛之所以主之者夫豈無其神哉但歷代以來類封以公侯

之爵則失之矣我
太祖高皇帝洪武三年詔悉革去止稱某府某州某縣城隍之
神毀其塑像造爲木主仍令革去廟中閒雜神道其廟宇一
如公廨設公座筆硯如其守令俾之監察司民一洗千百世
之陋習祀典之正誠未有過之者也夫何有司惑於淫祀奉
行不謹復取前代妖異之人以實之曰某某府城隍之神某
某縣城隍之神怪誕不經一至於此豈不深可歎哉舊志稱
吳尙書屈晃之妻夢與神遇生子曰坦有神變能興雲雨唐
武德中以屈氏故居爲州治遂祀坦爲城隍之神歷代以來
封以王爵壽號晃爲聖公名其祠曰靈祐於乎晃於吳爲忠

臣實吾台人物之首正宜特廟以祀顧乃以其子恠異之故而始登祀典其爲忠節之累也不亦甚哉據禮與 今法則城隍之神在所當祀而坦之祀在所必除斯得祀典之正而無復可議者矣

一屈晃吳志作汝南人按台州廳壁記州置大固山屈光公居宅以其地勝立屈氏次子惠坦爲太守改家爲州光公實晃字也又郡志稱晃妻夢與神遇生子曰坦有神變能興雲雨後與俱隱大固山及是以屈氏故居爲州治遂祀爲城隍神詳此則晃實爲吾台人無疑矣案吳志太子和傳權幽閉和驃騎將軍朱據尚書僕射屈晃連日詣闕請和固諫不止權大怒牽入殿杖一百注引吳歷權不納晃言斥還田里孫晧卽位封晃子相爲東陽亭侯

弟幹恭爲立義都尉緒後亦至尚書僕射昇淡南人見胡沖答問據此則晃非台人也坦不見吳志貿𥨊舊志以屈惠坦爲吳時太守其後或居台與

一吳丞相張悌赤城志元大一統志俱稱爲臨海人且曰見吳志搜神記按吳志晉杜預斬丞相張悌案吳志孫晧傳悌實爲王渾所斬預所斬者江陵督伍延也下分注搜神記曰臨海松陽人柳榮從悌至揚州案今三國志注作楊府攷上注引干寶晉紀吳丞相軍師張悌帥眾三萬濟江圍張喬於楊倚橋倚一本作荷而此作楊府未知孰是然皆爲橋名則無疑矣此作揚州誤也榮病死且二日忽然大呼人縛張軍師遂大怖而甦其月張悌戰死是臨海人乃榮耳案臨海郡名松陽今處州時屬臨海讀者見其上言悌事因誤以臨海字屬上句遂相仍以悌爲臨海人考之綱目漢炎興元年書漢亡下分註曰

襄陽張悌云云三國志襄陽記亦曰悌字巨先襄陽人詳此則悌非吾台人亦甚明矣

一舊志稱章安鎭側有古城葢州之舊蹟也又曰章安城在臨海縣東一百十五里則是今海門咫尺所謂章安山裏章安渡頭者也濵海薄山魚龍所腥豺虎所穴於是而奠城社聚市廛以爲州邑可乎竊意今章安之名雖仍其舊而古章安之地則盡一郡而有之若禹貢揚州之名雖在而其地豈但今維揚之三州七縣而已乎故謂今之章安鎭側之古城爲台州舊蹟者理所必無而謂前後沿革皆卽臨海爲州治或者其信然矣案章安本名回浦是固近海之處卽今章安城是也其縣跨有今台温處三府地豈但盡一郡

而有之乎謝氏之説非也

一舊志稱古城在黄巖南三十五里大唐嶺東外城周十里内城周五里有洗馬池故宫基址宗一十四級故老相傳以爲徐偃王城按韓文衢州徐偃王廟碑偃王走死彭城山下民號其山爲徐山則今之直隸徐州是已又曰偃王之走不之彭城之越城之隅衢故越地也衢之有偃王廟其謂是乎然偃王之走當周穆王時時越猶未通中國也走越之説固未可信況台去衢尤爲絶遠而唐嶺又台極南山谷中乃獨於此而築城以居何哉又觀今所謂古城者兩城相距不一二里而謂城周十里且遺蹟一無可見則其不足信也益昭昭

然矣噫傳襲之訛好事者爲之也其亦舜井姚江之類也哉

一鄭戸曹祠以唐鄭虔爲台戸曹參軍而祀之也虔嘗爲廣文博士故又謂之廣文祠按唐書虔汙安祿山僞官與王維等並囚宣陽里以善畫崔圓祈解得免死貶台州司戸曹參軍及按虔同時前數十年宰相來濟與褚遂良同諫立武后貶爲合州刺史後移庭州卒死突厥之難此則忠節著聞天下後世者也若虔者實濟之罪人耳今乃緜歷至五五百年虔之祠日新而濟曾未聞有祠之者何哉

一祭法法施於民則祀之能捍大災則祀之能禦大患則祀之若辛景之式遏亂賊畢士安之力請減賦元絳彭思永之有

功於慶歷之水尤袤趙汝愚之有功於湻熙之火是皆吾台郡守之能捍大災禦大患而法施於民者也謂宜列祀如義靈之廟始足酬功報德以少慰台民百世之思今乃聞有忘其邱山之惡錄其毫髮之功而特廟以祀之者噫天理之在人心者吾未暇論使死者有知其仰視諸公甯不愧死也哉

一有所蘊而不求聞達者始足以爲隱若舊志所稱避入行之舉者是已伍編氓望捷徑欲進而不能者謂之隱可乎無所爲而樂于施予者始足以爲義若舊志所稱立本價之莊者是已覬旌表希冠帶隨例以納粟者謂之義又可乎以至倉卒被害夫人之所不免從容就死志士之所獨能顧乃並舉

而名之曰忠節其爲異也又不亦甚哉凡若此者則又不待考而可見噫君子於此亦可以觀世矣

一上蔡書院以上蔡先生之子克念流落於台台守黃㽦訪而得之因建書院以祀先生先生初未嘗至台葉水心之記可覆視也而重修書院之記乃曰上蔡先生之適案與謫通於台此蓋失於考據輕信請託者之事狀然耳乃今聞有堂堂學校中穹碑雄文而官銜訛謬至不可曉其爲題名碑者未嘗識玉牒而曰兼修玉牒其爲建學碑者未嘗識國史而曰兼修國史凡若此者其謬妄耶其假託也用志考異之末以俟知者

案葉水心適上蔡祠堂記謝良佐字顯道受業二程號上蔡先生遭黨禁未解而卒諸子避虜一死兵一死閩獨克

念者落台州克念有子偕三子無衣食暫人承符引嘉定五年太守黃㽦子耕訪得之是黃守訪得者乃克念之子也明成化五年鄞楊文懿守陳重興上蔡書院記首言謝顯道講於台此其失也然其所文言景定三年郡守王華甫肇建書院於東湖以祀先生乃知黃守但建祠堂至王守乃建書院耳謝文肅渾而一之亦失考也

赤城新志卷之二十三終

後學黃巖王棻校注　建陽周延祚刊

餘杭孫樹義校

右赤城新志二十三卷實繼寶窗舊志而作故所紀載皆斷自嘉定十六年始惟圖譜表三卷則兼采舊志以總要所在而不容以年斷也補遺考異二卷亦因舊志以作而閒及於今初六縣各以其志來上無慮百數十卷諸家又以其文與詩來者數實倍之而其勢未已堆案山積衰病之餘茫無下手太守公乃命布衣余秋厓德高南郭紈檢閱參校以相其役遂開局於方巖書院凡再歷寒暑而功始告成焉副在書院而正本則上之府於是太守公又方并取舊志鐫刻橅印相與並傳於乎吾台千數百年之文獻於是乎不至於無徵矣宋有青社齊公今有海陵陳公誠所謂莫爲之前莫爲之後者矣其有功於吾台也

宏治赤城新志跋

不亦大哉獨恨予詞謇劣言之無文行之不遠將復爲文獻之
累此則不能不深有望於後之君子耳

宏治丁巳秋八月十有一日郡人謝鐸識於方巖書院